불씨가 살아 있어!

1쇄 인쇄 2022년 10월 12일
1쇄 발행 2022년 10월 25일

지은이 최설희
그린이 강영지
펴낸이 이학수
펴낸곳 키큰도토리
편 집 오세경
디자인 박정화

출판등록 제2012-000219호
주소 10447 경기도 고양시 일산동구 중앙로 1079, 426호
전화 070-4233-0552
팩스 0505-370-0552

사진 제공
15쪽 위키미디어(Brett Eloff) | 23쪽 위키미디어 | 26쪽 위키미디어(Divulgação Petrobras) | 39쪽 위키미디어(João Zilhão) | 42, 49쪽 위키미디어 | 61쪽 위키미디어(Kang Byeong Kee) | 64, 66쪽 문화재청국가문화유산포털 | 72쪽 위키미디어(J. McNeven) | 88쪽 위키미디어

* 책값은 뒤표지에 있습니다.
* 잘못된 책은 구입처에서 교환하여 드립니다.
* 이 책은 저작권자와 계약에 따라 발행한 것이므로 본사의 허락 없이는 어떠한 형태나 수단으로도 이 책의 내용을 이용하지 못합니다.

ⓒ 2022, 최설희 · 강영지
ISBN 978-89-98973-58-2 74400
    978-89-98973-78-0 74400 (세트)

어린이제품안전특별법에 의해 제품표시	
제조자명 키큰도토리	**전화번호** 070-4233-0552
제조국명 대한민국	**주소** 경기도 고양시 일산동구 중앙로 1079, 426호
사용연령 만 9세 이상 어린이 제품	

| 차례 |

작가의 말 **살아 있는 불꽃**   8

첫 번째 불꽃 **어둠을 몰아내다**   10

불꽃이 피어나다 | 인류의 탄생 | 움켜쥐는 손 | 모닥불 주변으로 모이다 | 사냥감에서 사냥꾼으로 | 어둠을 몰아낸 등잔과 양초 | 검은 황금, 석유 | 밤을 없앤 전깃불

《이것도 불이라고?》 **불은 빛과 열이야**   32

두 번째 불꽃 **집 안으로 들어오다**   36

요리의 발견 | 신석기 혁명 | 화로와 화덕 | 벽난로의 등장 | 불 앞의 노동자들 | 부엌에서 타오르는 불 | 온돌과 보일러

《이것도 불이라고?》 **보이지 않는 불, 전자레인지와 전기 레인지**   54

세 번째 불꽃 **세상을 움직이다**   58

불에서 태어난 토기 | 불을 가두는 가마 | 그릇, 예술이 되다 | 금속의 발견 | 용광로와 대장간 | 산업 혁명의 불 | 불로 만드는 에너지 | 지구가 내뿜는 불꽃, 화산 | 두려워하거나 이용하거나

《이것도 불이라고?》 제3의 불, 원자력   80

네 번째 불꽃 **전쟁터를 달구다**   84

불, 무기가 되다 | 화약의 발명 | 대포와 총 | 고려의 최무선 | 노벨과 다이너마이트 | 새로운 무기의 등장 | 리틀보이와 팻맨

《이것도 불이라고?》 손안의 화약, 성냥과 라이터   102

작가의 말

살아 있는 불꽃

고대 그리스의 어떤 철학자는 공기, 불, 물, 흙 네 개의 원소가 합쳐지거나 흩어지면서 만물이 새로 만들어지거나 사라진다고 주장했어. 엉뚱해 보이는 이 이론을 사람들은 2000년 동안이나 믿었지. 지금까지도 이름을 떨치는 플라톤과 아리스토텔레스도 이 주장을 적극 지지했고 말이야.

불이 인류에게 새로운 길을 열어 준 건 사실이야. 사나운 이빨이나 발톱도 없이 힘없는 사냥감 신세였던 인류가 불을 손에 쥐면서부터 사냥꾼으로 등극했으니까. 이때부터 인류는 깨달았던 것 같아. 불을 차지하면 곧 힘이 생긴다는 걸 말이야.

땅 위에서 인간은 불을 활활 피웠어. 불은 타오르면서 에너지가 되는데, 인간은 화석 연료를 사용해서 많은 에너지를 얻으려 더 뜨겁게, 더 오래 불을 피웠지. 뜨겁고 커다란 불을 가진 사람은 힘이 세어. 불의 힘으로 공장은 쉼 없이 돌아갔고, 인류의 삶은 빠르게 바뀌었어. 화석 연료를 많이 가진 나라는 막강한 힘을 갖기도 했지.

그런데 화석 연료로 불을 끊임없이 피웠더니 문제가 생겼어. 지구의 온도가 서서히 올라가더니, 뜨거워진 공기를 감당하지 못하고 지구가 이상 신호를 자꾸 보내고 있거든. 극지방의 빙하는 녹아내리고, 따뜻해진 공기에 적응하지 못한 동식물이 멸종해 가고, 탁한 공기를 걱정해야 하는 일상이 찾아왔어. 맹렬하게 불을 피운 나라들뿐만 아니라, 그렇지 않은 나라들까지도 큰 피해를 입고 있어서 문제가 심각해.

그럼 지금까지 인류에게 큰 이익을 줬던 불을 어떻게 사용해야 할까? 지혜롭게 쓸 방법을 찾을 수 있을까? 이 책을 읽는 친구들도 함께 찾아보지 않을래?

첫 번째 불꽃

어둠을 몰아내다

　인류가 언제부터 불을 사용했는지 정확히 알 수는 없지만 불을 발견하면서부터 인류는 다른 동물들과 다른 모습으로 살아갈 수 있었어. 불은 기나긴 밤의 어둠을 몰아냈을 뿐만 아니라 인류 역사의 시작을 환하게 밝혀 주기도 했지.

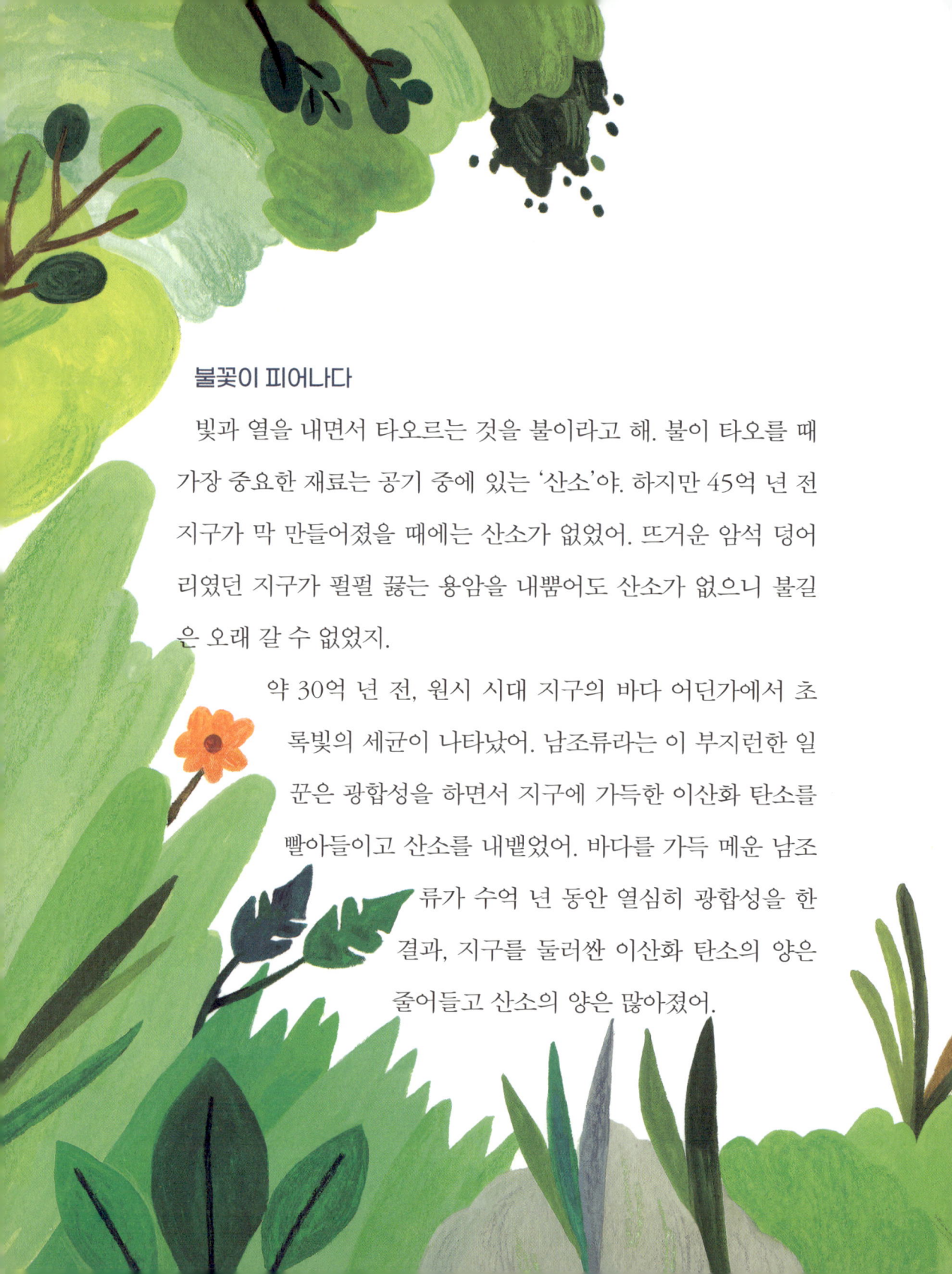

불꽃이 피어나다

빛과 열을 내면서 타오르는 것을 불이라고 해. 불이 타오를 때 가장 중요한 재료는 공기 중에 있는 '산소'야. 하지만 45억 년 전 지구가 막 만들어졌을 때에는 산소가 없었어. 뜨거운 암석 덩어리였던 지구가 펄펄 끓는 용암을 내뿜어도 산소가 없으니 불길은 오래 갈 수 없었지.

약 30억 년 전, 원시 시대 지구의 바다 어딘가에서 초록빛의 세균이 나타났어. 남조류라는 이 부지런한 일꾼은 광합성을 하면서 지구에 가득한 이산화 탄소를 빨아들이고 산소를 내뱉었어. 바다를 가득 메운 남조류가 수억 년 동안 열심히 광합성을 한 결과, 지구를 둘러싼 이산화 탄소의 양은 줄어들고 산소의 양은 많아졌어.

　산소가 충분해졌지만 아직 불꽃을 보기는 쉽지 않았을 거야. 이때의 지구는 대부분 바다라서 태울 만한 무언가가 충분하지 않았거든.

　땔감이 되는 가장 흔한 재료는 풀과 나무야. 지구에는 동물보다 식물이 먼저 나타났는데, 바다에서만 살던 식물이 땅 위로 올라온 게 4억 8000만 년 전이야. 그러니까 지구가 만들어진 45억 년 전부터 수십 억 년 동안 지구에서는 활활 타오르는 불꽃을 볼 수가 없었겠지.

　산소가 적당히 지구를 둘러싸고, 땔감이 될 만한 식물도 생기면서 불꽃도 피어올랐어. 땅을 뚫고 용암이 쏟아져 나와 불길을 만들기도 했고, 하늘에서 벼락이 떨어져 숲과 초원을 태우는 일도 있었어.

불은 뜨겁고 위험했어. 맹렬히 타올라 모든 것을 삼켜 버리는 불은 지구에 살던 생명체에게는 두려움의 대상일 뿐이었단다.

불을 손에 쥐게 될 생명체가 나타나기 전까지 말이야.

인류의 탄생

약 3000만 년 전, 아직 인류가 나타나기 전의 아프리카 대륙은 지금의 모습과 사뭇 달랐어. 지금의 아프리카 지역은 대부분 건조한 초원으로 이루어졌지만, 그때는 거대한 나무가 울창한 숲이었거든. 지구는 아직 불안정했고 그만큼 활발히 움직였으며 정글 같았던 숲은 오랜 세월에 걸쳐 서서히 초원으로 바뀌게 되었어. 빽빽한 숲은 사라지고 키 작은 나무와 풀이 그 자리를 채웠지.

이때 아프리카 대륙에는 인류의 조상이라고 여겨지는 영장류가 있었어. 숲이 사라지자 높은 나무 위에서 생활하던 영장류들은 땅으로 내려와야만 했어. 네 개의 팔다리를 이용해 나무 위를 자유롭게 이동하던 이들은 이제 낮은 나무와 풀 너머의 것들을 봐야만 했지. 그래서 두 다리에 힘을 주고 상체를 일으켰어. 두

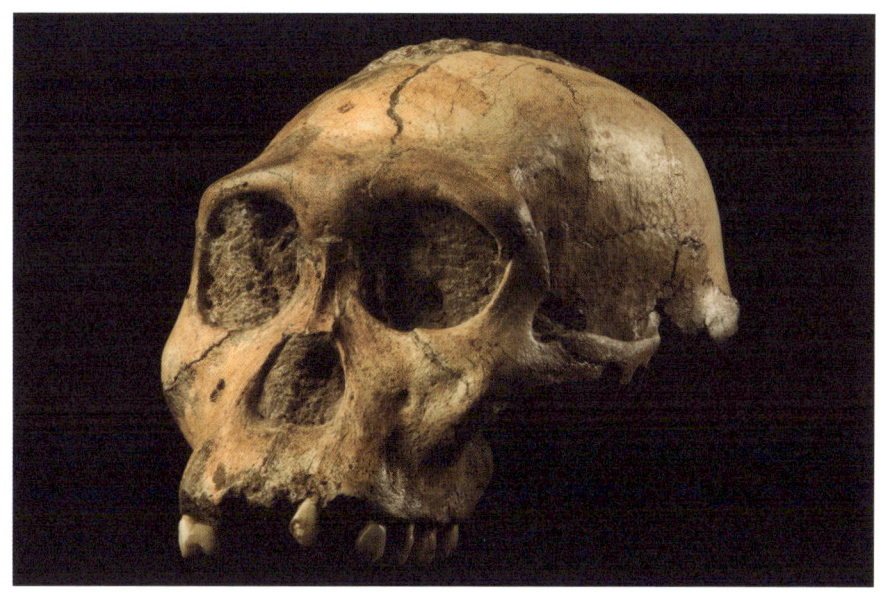
오스트랄로피테쿠스의 두개골 모습이야. 아직 두개골도 작고 뇌도 작던 시기야.

다리로 서고, 걷게 된 거야. 400만 년 전, 두 발로 선 최초의 인류를 오스트랄로피테쿠스라고 해.

　오스트랄로피테쿠스는 두 발로 서면서 두 손을 자유롭게 쓸 수 있었어. 과일을 채집하거나 손에 물건을 쥐고 두 다리로 달리는 것도 할 수 있었지.

　하지만 최초의 인류는 너무 힘이 없었어. 맹수처럼 빨리 달리지도 못했고 이가 날카롭지도 않았거든. 이들은 살아남기 위해 점차 모여 살게 되었어. 위험할 땐 소리나 몸짓으로 신호를 보내

서로를 지키는 방법을 터득하기도 했지.

초원에서 맨손으로 살아가던 이들은 아직 사냥을 할 줄 몰랐기 때문에 다른 동물이 사냥해 먹고 남은 것을 기웃거리는 것에 만족해야 했단다.

또한 자연 속에서 우연히 생겨난 작은 불꽃이나 거대한 불길도 힘없는 인류에게는 두렵고 피해야만 하는 것이었지.

움켜쥐는 손

인류는 두 손을 더욱 자유롭게 쓸 수 있도록 진화했어. 250만 년 전에 나타난 호모 하빌리스의 손은 오늘날 인간의 손과 아주 비슷했지. 호모 하빌리스는 '손재주가 있는 사람'이라는 뜻이야. 이들은 돌을 내리치거나 쪼개어 다듬어서 긁개, 도끼, 자르개 같은 여러 도구를 만들었어. 이 도구들로 딱딱한 열매를 깨거나 질긴 식물을 잘라 먹기 좋게 만들고, 동물의 뼈에 붙은 고기를 떼어 내 먹기도 했지.

호모 하빌리스의 뒤를 이어 이들보다 더 진화한 호모 에렉투스가 나타났어. 호모 에렉투스는 '똑바로 선 사람'이라는 뜻이란다. 허리를 펴고 똑바로 서서 걷게 되면서 지금 인간의 모습과 많이 비슷해졌거든.

 이들은 주먹 도끼 같은 더 정교한 도구를 만들 수 있었어. 직접 만든 사냥 도구를 움켜쥐고 초원을 이동하면서 사냥을 하기도 했지.

 살아가는 데 필요한 도구를 만들기도 하고 단단히 움켜쥘 수도 있을 만큼 손과 뇌가 발달한 인류는 조금 더 용기

를 내기로 했어. 하늘에서 떨어진 벼락을 맞아 활활 타고 있는 나무를 바라보면서 말이야. 나뭇가지를 꽉 움켜쥐고 나무 가까이 다가갔지. 손을 쭉 뻗자 나뭇가지로 불이 옮겨 붙었어. 작은 불꽃이 일렁거리는 나뭇가지가 손에 들려 있었지. 두려워 피해야만 했던 불이 인류의 손에 쥐어진 순간이야.

돌로 도구를 만들려고 돌끼리 부딪치거나 두드리다가 불꽃을 발견하기도 했어. 이 불꽃을 마른 풀이나 나뭇가지로 옮겨 붙이는 지혜를 얻기까지 몇백만 년이라는 긴 시간이 필요했지.

인류는 느리지만 꾸준하게 진화해 갔어. 두 손으로 불을 안전하게 다룰 수 있도록 말이야.

모닥불 주변으로 모이다

초원에 살던 인류에게 어둠뿐인 밤은 유난히 길고도 두려웠어. 보이지 않는 곳에서 들려오는 짐승의 울음소리, 힘없는 이들을 잡아먹으려고 이빨을 드러내는 맹수. 인류는 오랫동안 사냥감일 수밖에 없었지.

그러다 불이 인류를 안전하게 지켜 주기 시작했어. 초원에서 땔감을 구하기는 어렵지 않았어. 땔감을 모아 모닥불을 피우면 순식간에 어둠이 물러났지. 짐승도 불 가까이 오지 못했어. 겁 없이 달려드는 짐승이 있다면 불을 옮겨 붙인 나무 막대를 휘두르기도 했단다. 불은 어둠뿐만 아니라 추위도 몰아내 주었어. 환하고 따뜻한 모닥불 앞에 모여 앉으면 기나긴 밤도 잘 버틸 수 있었지.

모닥불 주변에 모인 이들은 함께 사냥한 고기를 익혀 먹었어. 이것도 엄청난 발견이었단다. 익힌 고기는 부드러워서 씹기에 좋았고, 소화도 잘됐어. 맛도 좋고 영양가도 훨씬 높았지. 얼마 안 되는 양이었지만 곡식도 익혀 먹으면서 이들의 먹거리는 더 풍성해졌어.

불 앞에 모인 인류는 살아가는 데 필요한 다양한 정보도 나누었어. 아직 목소리를 자유자재로 낼 수 없었고 언어도 없었으니 몸짓으로 대화해야만 했지만 이들은 온몸을 이용해 이런 대화도 나누었을 거야. "먹을거리가 더 많은 곳, 더 살기 좋은 곳을 찾으러 떠나자!"

호모 에렉투스는 불씨를 소중하게 챙겨 길을 떠났어. 아프리카 대륙을 벗어나 세계 곳곳으로 퍼져 나갔지. 추운 유럽이나 아시아에서도 인류가 살아남으며 진화할 수 있었던 건 모닥불 주변에 모여 힘과 지혜를 모았기 때문이야.

사냥감에서 사냥꾼으로

고기를 생으로 뜯어 먹던 인류는 이제 불에 익혀 먹게 되었어. 맛 좋은 고기는 소화도 잘됐고 영양가도 높았지. 그래서 인류의 뇌가 크게 발달할 수 있었어.

20만 년 전에 나타난 호모 사피엔스는 뇌의 크기가 상당히 컸어. 호모 사피엔스는 '슬기로운 사람'이라는 뜻이야. 뇌의 크기가 커지면서 지능이 높아졌거든. 이들이 슬기롭다는 별명을 얻을 수 있었던 결정적인 이유도 인류가 불을 이용했기 때문인 거지.

또 인류는 질긴 고기를 질겅질겅 씹지 않게 되었어. 불에 익힌 고기는 부드러웠으니까. 자연스럽게 이의 개수는 줄어들었고, 원숭이처럼 튀어나왔던 아래턱이 적당히 들어가게 돼. 호모 사피엔스는 입안의 구조가 바뀌면서 혀를 자유롭게 움직였고 전보다 다양한 음성을 낼 수 있었어. 말, 즉 언어를 통해 간단한 의사소통을 할 수 있었다는 말이지.

인류는 빠르게 진화했어. 지능이 높아졌으니 더 정교한 도구를 만들어 사냥에 나설 수 있었거든. 잘 먹으면서 신체적인 능력도 점점 좋아지고 힘도 세졌고 다리도 빨라졌단다.

4만 년 전쯤에는 지금의 우리 모습과 거의 비슷한 인류가 나타났어. 뇌의 크기도 우리와 비슷하고, 말도 자유롭게 할 수 있었지. 우리 조상 인류인 이들을 호모 사피엔스 사피엔스라고 해. 이 인류는 더 이상 벌벌 떠는 사냥감이 아니었어. 불과 무기를 든 사냥꾼이 되었지.

어둠을 몰아낸 등잔과 양초

불은 빛을 내면서 타올라. 인간은 밤의 칠흑 같은 어둠을 몰아내기 위해 불을 밝혔어. 빛을 만들게 된 인간은 활동할 수 있는 시간을 늘릴 수 있었지. 빛이 어둠을 몰아내면서 밤에도 일을 할 수 있었거든.

나무를 태우는 장작불은 그리 오래 가지 않아서 불을 더 오래 밝히는 방법을 생각해 내기도 했어. 기원전 7만 년 무렵의 구석기 시대에는 돌을 갈아서 움푹하게 등잔 모양을 만든 뒤 동물 기름에 적신 이끼를 태웠어. 이후 아프리카에서는 납작한 그릇에 식물을 담아 태우기도 했고, 아메리카 원주민은 막대기에 기름기 많은 생선을 꽂아 불을 피우기도 했대.

지중해의 그리스에서는 조개껍데기에 기름을 담고 마른 식물로 만든 심지를 꽂아 불을 켰어. 지중해 일대에서는 흙을 빚어 만든 램프가 많이 발굴되기도 했지. 램프(Lamp)라는 말을 처음 쓴 곳도 그리스인데, 횃불이라는 뜻의 그리스어 'Lampas'에서 유래했다고 해.

등잔을 채우는 기름도 점점 발전했어. 기름은 주로 동물에게서 얻었지만 본격적으로 농사를 짓게 된 신석기 시대에는 곡식이나 열매를 짜서 기름을 얻기도 했지.

　기원전 3000년경 그리스와 이집트에서는 양초 형태의 물건이 등장해. 나무 조각이나 마른 식물을 기름에 담갔다 빼서 만들거나 동물 기름을 굳힌 것, 나무 진액, 밀랍 등의 재료로 심지를 감싸서 양초를 만들기도 했어. 심지가 있으면 일정한 속도와 밝기를 유지하면서 불이 타올랐어. 이런 편리함 때문에 양초는 중세 시대 내내 실내를 밝히는 방법으로 널리 사용되었어.

19세기 초, 아르강 램프를 사용하던 모습을 표현한 그림이야.

1780년, 스위스의 과학자 아르강이 발명한 램프는 속이 빈 심지를 사용해 산소가 더 많이 공급되도록 해 기존의 램프보다 훨씬 환한 빛을 냈어. 어찌나 눈이 부신지 그 당시 사람들은 아르강 램프에 갓을 만들어 씌웠다고 해. 조명용 갓이 만들어진 것도 아르강 램프 때문이었지.

그런데 아르강 램프는 고래기름을 사용했어. 거대한 고래에서 얻은 기름은 그을음이 많이 생기지 않고 값이 싸기도 했거든. 16세기부터 18세기까지 수많은 배가 고래를 잡기 위해 바다로 나갔어. 고래기름은 인기가 좋아서 고래를 잡으면 고래 고기를 버리고 기름만 채취했대. 그 많던 고래가 멸종 위기에 놓일 정도였지. 고래기름을 대신할 새로운 기름이 나타난 뒤에야 고래잡이 속도를 늦출 수 있었단다.

1800년대에는 석탄에서 얻은 가스로 불을 밝혔어. 주황색 불꽃을 일렁이는 가스등은 영국에서 개발되었는데 실내를 밝히기에는 너무 밝아서 거리의 가로등이나 공장의 조명으로 주로 쓰였지. 가스등은 유럽의 많은 도시로 퍼져 나갔어. 밤거리가 환해서 범죄가 줄어들기까지 했대. 그러나 공장의 불도 꺼지지 않아서 노동자들은 긴 시간 일하며 지친 삶을 이어 가야만 했어.

검은 황금, 석유

아주 오래전부터 사람들은 땅속이나 바위틈에서 솟아나는 검은 기름을 유용하게 썼어. 땅에서 솟는 이 검은 기름을 '석유'라고 불렀는데, 기원전 2000년경에는 석유를 상처에 발라 피를 멈추게 하거나 설사, 피부병을 치료하는 만병통치약으로 사용하기도 했대. 5~6세기경 중국에서도 석유로 병을 치료했다는 기록이 있단다. 성경 속 인물인 노아가 홍수에 대비하기 위해 거대한 방주를 만들 때 방주의 안팎을 역청(석유를 걸러 얻은 검고 끈적끈적한 기름 덩어리)으로 칠했다는 기록도 성경에 남아 있지.

석유는 수백만 년 전 바다 생물들이 땅속에 묻혀 퇴적물이 계속 쌓인 뒤 오랜 시간 지구의 열과 압력을 받아 만들어진 거야. 석탄이나 천연가스도 비슷한 과정을 거쳐 만들지는데, 이런 천연자원을 화석 원료라고 한단다.

석유는 기름 덩어리라서 불이 잘 붙었어. 로마 제국, 페르시아, 일본, 인도, 유럽의 일부 국가에서 불을 밝히는 연료로 석유를 사용한 기록이 남아 있지. 하지만 석유를 태우면 연기와 그을음이 너무 많이 생겼기 때문에 식물에서 짜낸 기름이나 고래기름이 더 인기가 있었어.

석유는 여러 혼합물이 섞여 있어서 거르고 분류하는 작업이 필요해. 이 과정에서 얻은 등유는 '등불을 밝히는 기름'이라는 뜻이야. 그런데 등유는 가격이 무척 비쌌어. 고래가 줄어들면서 고래기름의 가격도 빠르게 치솟았지. 불을 밝힐 다른 대안을 찾아야만 했어.

1856년, 미국의 비셀, 실리먼, 드레이크 이 세 사람이 석유 회사를 차리고 석유가 있을 거라고 짐작되는 펜실베이니아에 거대한 기계를 박아 깊숙이 파 내려갔어. 시추(지하자원을 찾으려고 기

처음 석유 시추는 땅에서 이루어졌지만 지금은 바다에서도 작업을 하고 있어.

계로 땅에 구멍을 뚫는 일)에 성공하면서 본격적으로 석유 산업이 시작되었지. 석유를 적극적으로 시추하고 가공해서 세계 곳곳에서 사용하게 된 것은 150년 정도밖에 안 되었지만 지금 전 세계인들의 생활에 없어서는 안 될 중요한 자원이 되었단다.

석유는 등불을 밝히기 위해 개발되었지만 오히려 자동차, 배, 비행기의 연료가 되어 세상의 발전을 빠르게 앞당겼어. 등불은 석유를 태우며 어둠을 밀어내다가 곧 전깃불이 발명되면서 빠르게 사라지게 되었지.

밤을 없앤 전깃불

1879년 12월 31일 뉴욕의 멘로파크로 사람들이 모여들었어. 눈이 내리고 몹시 추운 날이었지만 사람들은 한껏 기대에 부풀어 있었지. 겨울밤은 금방 찾아왔고 어둠이 내린 공원에는 웅성거리는 소리만 가득했어.

갑자기 공원은 환한 빛으로 가득 찼어. 나무에 걸려 있던 수백 개의 전구가 켜진 거야. 전구 불빛은 공원 구석구석을 환하게 비추었고, 사람들의 얼굴 하나하나를 밝혀 주었어. 모두 발명가 에디슨이 완성한 전구를 보기 위해 모인 사람들이었어.

전구도 불처럼 빛을 냈어. 그런데 신기하게도 일렁이는 불꽃이 없었지. 냄새도, 연기도 나지 않았어. 전구가 걸린 나무를 태우지도 않았어. 손을 가까이 가져가도 뜨겁거나 위험하지 않았지.

전기로 만든 불빛은 그전에도 있었어. 두 전극 사이에 전류가 흐르면 강한 빛이 발생하는데 이를 '아크'라고 해. 그런데 아크등은 시끄러운 소리를 냈고, 빛도 너무 강했어. 당시 기술로는 아크등을 밝히려면 거대한 발전기가 필요했기 때문에 가정에서 사용하기에도 적절하지 않았지.

에디슨은 조용하고 오래가면서 가격도 저렴한 전등을 만들고 싶었어. 전구 안에는 더블유(W) 자 모양의 필라멘트라는 선이 있는데 이 필라멘트에 전기가 흐르면 온도가 높아지면서 빛이 생겨. 에디슨은 밝은 빛을 내면서도 오래가는 필라멘트를 개발하는 데 열을 쏟았어. 전구 안의 공기를 완전히 없앤 진공 상태를 만들면 필라멘트가 빨리 타 버리는 일도 없을 거라고 생각했지.

에디슨은 무수한 실험 끝에 탄소 필라멘트로 만든 진공 전구를 완성했어. '딸깍' 스위치를 켜기만 해도 환한 빛이 순식간에 어둠을 몰아냈지. 하나의 전구가 촛불 30개를 켠 것과 맞먹는

빛을 내면서 말이야.

전깃불은 직접 땔감이나 기름을 태워 만드는 불빛보다 훨씬 편리하고 안전했어. 전깃불을 사용하기 위해 발전소와 발전기가 세워지는 속도도 빨라졌어.

멀고 먼 옛날 인류의 조상이 용기를 내어 불을 손에 쥐면서부터 인류는 엄청난 변화를 겪게 되었어. 그리고 그 후손이 두 번째 불이라고 불리는 전구를 만들었지. 이로써 하루 끝에 어김없이 찾아오던 기나긴 밤에도 인류는 자유롭게 활동할 수 있게 되었어.

이것도 불이라고?
불은 빛과 열이야

　불은 손에 잡히지도 않고, 정해진 모양이 있는 것도 아니며, 무게가 있는 것도 아니야. 하지만 이글거리는 불은 분명 눈으로 볼 수 있고 뜨거운 열기도 느껴져. 불의 정체는 대체 뭘까?

　무언가가 타려면 장작 같은 탈 물질과 산소, 그리고 불이 시작될 높은 온도가 필요해. 세 가지 조건이 갖추어지면 물질이 타고, 이때 에너지가 만들어진단다. 이 에너지는 열과 빛의 형태로 나타나. 그러니까 불은 물질이 탈 때 에너지가 나오고 있다는 증거인 셈이야.

　불은 열을 내기 때문에 주변의 공기를 덥혀. 뜨거워진 공기는 위로 올라가는 성질이 있어. 불꽃의 아래쪽에서 찬 공기가 밀려오고, 뜨거워진 공기는 위로 향하는 과정이 계속 반복되기 때문에 불꽃은 언제나 위쪽을 향해 활활 타오르는 모습을 하고 있는 거란다.

　불이 내는 열과 빛은 조건에 따라 달라지기도 해. 불의 온도가 높을수록 붉은색에서 주황색, 노란색을 거쳐 흰색과 푸른색의 빛이 나지. 불꽃의 색깔을 보면 대략 얼마나 뜨거운지 알 수 있어. 진한 붉은색은 약 600~800℃의 불꽃에서 볼 수 있고, 노란 불꽃은 약 1200℃ 이상의 높은 온도에서 볼 수 있거든.

　양초를 예로 들어서 설명해 볼게. 양초의 불꽃은 가장 바깥쪽의 겉불꽃, 이보다 안쪽의 속불꽃, 가장 안쪽의 불꽃심으로 나뉘어 있어. 겉불꽃은 산소와 가장 잘 만나는 부분이기 때문에 많은 열과 빛을 내. 그래서 가장 뜨겁지. 불꽃심은 제일 안쪽에 있기 때문에 산소가 충분하지 않아서 온도도 낮고 어두워. 한편 가스레인지에서 파란 불꽃이 피어오르는 이유는 높은 온도를 유지하기 위해 가스와 함께 산소를 공급하기 때문이라고 해.

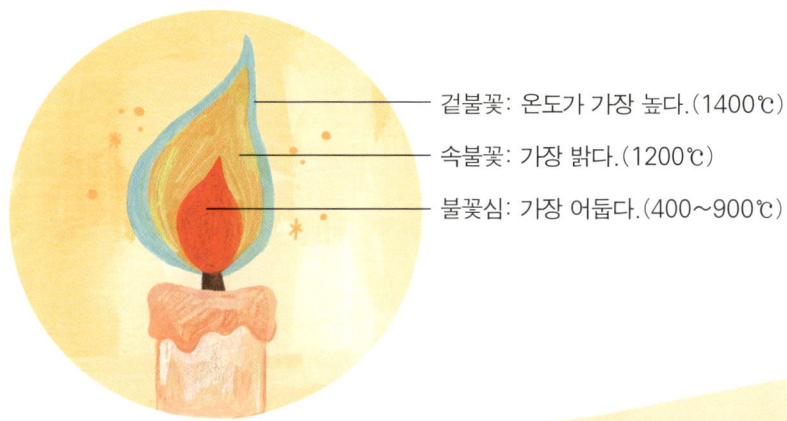

겉불꽃: 온도가 가장 높다.(1400℃)
속불꽃: 가장 밝다.(1200℃)
불꽃심: 가장 어둡다.(400~900℃)

불꽃의 색을 결정하는 건 온도만은 아니야. 어떤 물질을 태우는지에 따라서 색깔이 달라지기도 해. 금속은 타면서 자신만의 고유한 색깔을 내는데, 이런 성질을 이용해서 불꽃놀이용 화약을 만들지.

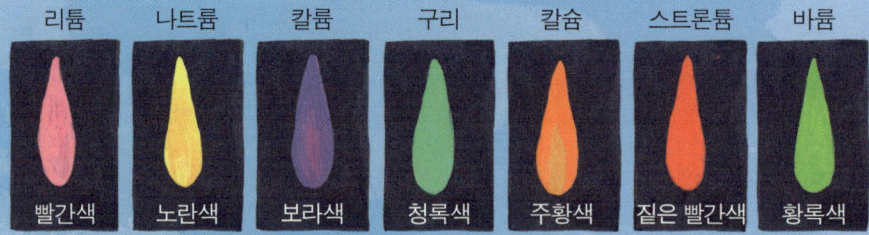

리튬	나트륨	칼륨	구리	칼슘	스트론튬	바륨
빨간색	노란색	보라색	청록색	주황색	짙은 빨간색	황록색

불은 물질이 탈 때 빛과 열을 내는 현상이야. 이 빛과 열을 이용하기 위해 불을 다루려고 인류는 오랫동안 애를 써 왔고, 그 노력은 지금도 이어지고 있어.

두 번째 불꽃

집 안으로 들어오다

 불을 잘 다룰 수 있게 되면서 인류는 용감하게도 불을 집 안으로 들여왔어. 불로 음식을 요리하고, 집을 따뜻하게 할 수 있었지. 불을 다루는 생활 공간에서는 어떤 일이 벌어졌는지 살펴볼까?

요리의 발견

불을 다룰 줄 몰랐을 때 인류는 돌로 만든 석기 하나만 들고 초원에 살았어. 큰 사냥감은 잡을 수 없었으니까 주로 작은 사냥감을 노리거나, 힘센 동물이 먹고 남긴 고기를 먹거나, 열매 같은 식물을 먹어야 했지.

운이 아주 좋은 어느 날에는 벼락에 맞아 죽은 동물을 발견하기도 했을 거야. 불에 그을린 고기는 아주 연하고 구수했겠지. 그 맛을 잊지 않고 있었던 인류는 불을 다루면서 날고기를 익혀 먹게 되었어. 고기뿐만이 아니야. 질기거나 딱딱한 식물, 열매, 곡식도 불에 익히면 씹고 소화하기에 좋았지. 또 불에 익히는 과정에서 세균과 기생충도 죽었기 때문에 훨씬 위생적이었고 말이야.

바닷가에 사는 인류는 물고기와 조개를 잡아먹었어. 굴과 홍합 껍데기가 석기와 함께 발견되기도 했거든. 구석기 시대 네안데르탈인의 동굴에서 발견된 홍합 껍데기가 불에 그을려 있는

네안데르탈인은 조개껍데기로 장신구를 만들기도 했다고 해.

걸로 봐서 해산물도 불에 익혀 먹었다는 걸 알 수 있지.

 구석기 시대까지는 먹을거리를 찾아 이곳저곳을 떠돌아다녀야 했어. 계절이 바뀌거나 사냥, 채집을 하다가 먹을 것이 떨어지면, 다른 곳으로 이동해야만 했지. 인류의 조상은 이렇게 수십만 년 동안 떠돌이 생활을 하며 식물을 채집해서 먹고, 야생 동물을 사냥해서 먹었어. 떠돌이 생활을 하면서도 불씨만큼은 중요하게 챙겼던 것 같아. 구석기 유적 곳곳에서 숯이나 재의 흔적이 발견되고 있거든.

신석기 혁명

1만 2000년 전, 인류는 놀라운 발견을 하게 돼. 우연히 버려진 씨앗에서 싹이 돋고 자라 다시 낟알이 열린다는 사실을 알게 된 거지. 인간은 직접 밭을 일구고 작물을 심어 길러 보았어. 어김없이 줄기에서는 낟알이 열렸겠지? 이렇게 인류가 농사를 지으면서 인류의 삶은 크게 변화했는데 이를 신석기 혁명이라고 해.

본격적으로 농사를 지으려니 더 정교한 농기구가 필요했어. 돌을 부딪치고 깨서 만들던 뗀석기 대신에 돌을 갈아서 만든 간석기가 이때 나타났고, 수확한 곡식을 담거나 요리하기 위한 토기도 이때 등장해.

떠돌이 생활을 청산했으니 안전하게 머물 집도 있어야겠지? 땅을 조금 파서 평평하게 다진 뒤 지붕과 벽이 하나인 움집을 지었지. 그리고 이제는 없어서는 안 될 불을 집 안으로 들여왔어. 집의 한가운데에 불을 피우는 화덕을 놓은 거지. 이때부터 불은 본격적으로 집 안을 밝히고 따뜻하게 했어.

집 안에 들여놓은 이 불로 요리도 했단다. 이때 길렀던 기장, 귀리, 보리, 밀 같은 딱딱한 곡식을 먹기 좋게 만든 것 역시 불이었거든. 딱딱한 곡식도 불에 구우면 먹을 만했어. 아니면 곡물을

갈아서 물에 섞어 죽처럼 만들어 먹었지. 죽을 불 위에서 단단해질 때까지 굽기도 했어. 이렇게 만들어진 딱딱한 덩어리를 주식으로 먹었단다. 이 음식을 빵의 시작이라고 볼 수도 있을 거야.

화로와 화덕

그리스 로마 신화에서 가장 중요한 올림포스의 열두 신 중에 헤스티아라는 신이 있어. 헤스티아는 불과 화로를 지키는 신이야. 신들의 왕 제우스는 특별히 헤스티아가 모든 가정과 신전에서 숭배를 받도록 했대. 인간들도 신화에 따라 오래도록 그녀를 위한 제사를 지냈지. 그만큼 불, 특히 집 안에 들여놓은 불은 신이 지켜 주어야 할 만큼 중요한 것이었어.

집 안에 언제나 불이 있는 데다 농사짓는 기술이 발전하면서 곡식도 풍부해졌어. 불과 곡식 이 두 가지로 무얼 만들 수 있었을까?

기원전 2000년경 어느 날, 이집트의 한 여인은 먹을거리를 만

헤스티아의 그림이나 조각을 보면, 헤스티아 근처에 늘 화로가 있는 걸 볼 수 있어.

들기 위해 밀가루를 물에 개어 놓았어. 그러고는 잠시 딴짓을 한 모양이야. 시간이 조금 흘렀고, 그동안 밀가루 반죽은 오동통하게 부풀어 올랐어. 여인은 의아했지만 반죽을 버릴 수는 없으니 불에 달군 돌 위에 반죽을 구웠지. 이때까지만 해도 납작하고 딱딱한 빵을 먹었는데 신기하게도 그동안 먹던 딱딱한 빵과는 다르게 이 빵은 굉장히 부드럽고 폭신폭신했어. 효모라는 미생물 덕분에 반죽이 발효되었기 때문이야. 지금은 흔한 기술이지만 그 당시에는 굉장한 발견이었지.

이렇게 이집트에서부터 빵 만드는 기술이 발전했어. 빵은 주식이 되었고, 왕과 귀족, 낮은 계급의 사람들까지 모두 빵을 먹었어. 빵은 화폐의 기능도 했어. 이집트에서는 수백 년 동안 노동자들의 월급을 빵으로 주기도 했거든.

빵이 많이 필요해지자 빵을 구울 장비도 함께 발전했어. 벽돌을 동굴 모양으로 쌓아서 그 안에 불을 집어넣었지. 열기가 밖으로 빠져나가지 못하도록 화덕을 만든 거야. 빵을 만드는 기술은 이집트에서 이스라엘로, 또 기독교 문화를 따라 유럽으로 퍼져 나갔단다. 불이 활활 피어오르는 화덕은 이제 부엌의 가장 중요한 곳에 놓이게 되었어.

벽난로의 등장

인간은 불을 이용해 음식을 만들고 나누어 먹었어. 실내를 따뜻하게 하고 음식을 익혀 먹을 수 있는 화덕이 집 안의 중심이었지. 그러나 이 시기는 길게 가지 못했어. 음식을 조리하는 부엌이 온갖 식용품이 너저분하게 널려 있는 곳, 축축하고 냄새나는 곳으로 여겨졌기 때문이야. 부엌은 하녀와 장사꾼들이 드나들 수 있도록 집의 바깥쪽으로 밀려났어. 하녀들만 일하고 집주인은 부엌에 들어가지도 않았대. 부엌에서 만들어진 요리는 하녀와 하인들이 부지런히 응접실이나 식당으로 날랐어.

그런데 화덕이 바깥쪽으로 이동하자 추운 계절에 집 한가운데를 데울 다른 불이 필요했어. 그렇다고 집 가운데에 불을 피우면 집 안이 연기로 가득 찼지. 이걸 해결하기 위해 벽에 난로를 고정시키고, 공기가 들어오고 연기를 뿜어낼 수 있는 굴뚝도 만들었어. 벽난로는 이렇게 만들어졌지.

벽난로는 처음에는 귀족들만 누릴 수 있었어. 귀족들은 집을 설계할 때부터 가장 좋은 방에 벽난로를 두었어. 집을 따뜻하게 하기 위해서기도 했지만 다른 목적도 있었단다. 응접실에 만든 화려한 벽난로는 손님들에게 집 안의 재력과 취향 등을 뽐내는

수단이 되었거든.

기술이 발전하면서 유럽에 벽난로가 널리 보급되었고 가정의 필수품이 되었어. 그동안은 나무를 장작으로 썼지만, 18세기 산업 혁명이 일어나면서부터는 석탄을 이용해 불을 피웠지. 석탄은 굉장히 인기가 좋았어. 장작보다 더 오래, 더 활활 타올랐거든.

불 앞의 노동자들

아무리 기술이 발전했어도 불이 위험하다는 건 변하지 않아. 뜨거운 불 앞에서 일하는 건 굉장히 고되고 힘든 일이지. 그래서 불 앞에서 일하는 건 낮은 계급의 사람들이었어.

그중에서도 일이 힘하기로 명성이 높았던 건 꼬챙이를 돌려 음식을 굽는 '턴스핏(turnspit)'이었다고 해. 중세 영국에서는 꼬챙이에 고기를 꿰어 불에 굽는 음식이 유행이었어. 음식이 불에 타지 않도록 꼬챙이를 계속 돌려야 했는데, 불 앞에서 온종일 또는 며칠 동안 꼬챙이를 계속 돌리는 일을 하는 소년들이 따로 있었지. 이들은 쪼그려 앉아 뜨거운 불에 팔과 얼굴을 그을리면서 일해야 했어. 영국의 왕이었던 헨리 8세는 특히 불에 구운 요리를 좋아해서 왕실 부엌에는 턴스핏 소년들이 한 부대나 있었다고 전해져.

  벽난로에는 반드시 굴뚝이 있어. 굴뚝으로 산소가 들어와야 불이 잘 타고, 연기와 그을음은 굴뚝을 통해 빠져나가거든. 그런데 석탄을 태우면 그을음이 굴뚝 벽에 달라붙어 쌓였어. 이렇게 되면 굴뚝이 좁아져서 산소가 잘 통하지 않는데다가 불이 그을음에 달라붙기라도 하면 큰불로 번지곤 했지. 그래서 정기적으로 굴뚝 청소를 해야만 했어.

높은 굴뚝 안을 청소하는 건 꽤 힘든 일이었어. 그런데도 굴뚝 청소부는 천하게 취급받아 품삯도 많이 받지 못했지. 이 일은 주로 어린아이들이 했어. 좁은 굴뚝 안에 들어가려면 몸집이 작아야만 했으니까. 아이들은 좁은 굴뚝 속에 매달려서 청소를 했어. 많은 굴뚝 청소부 아이들이 높은 굴뚝에서 떨어져서, 또는 화상을 입거나 질식해서 목숨을 잃었다고 해.

위험천만한 일에 어린이를 고용하는 세태가 비판을 받기 시작했어. 결국 1875년에 영국에서 '굴뚝 소년법'을 만들면서 어린이 노동이 법으로 금지되었어.

부엌에서 타오르는 불

고대에 발명된 커다란 벽돌 화덕은 오랫동안 사용되었어. 하지만 왕족이나 귀족이 아니고서는 집집마다 화덕을 갖추기는 어려웠기 때문에 마을이 공동으로 사용하는 대형 화덕이 있었지. 마을 사람들은 아침이면 마을 화덕에 모여 빵이나 고기, 야채를 구웠어.

벽난로형 화덕에 커다란 솥을 걸어 요리를 하기도 했는데, 음식을 젓거나 살피려면 뜨거운 화덕에 얼굴을 들이밀어야 했어. 이렇게 부엌은 위험한 곳이었기에 하인들의 공간일 수밖에 없었지.

18세기 즈음에야 냄비 하나 올릴 수 있는 작은 화로를 집집마다 갖출 수 있었어. 이후 발명된 가정용 화덕은 문을 열고 닫을 수 있는 작은 아궁이에 불을 때고 그 위에 냄비나 프라이팬을 올릴 수 있었어. 아궁이에는 나무 땔감이나 석탄을 태웠지. 가정용 조리 화덕은 요즘 전 세계에서 널리 쓰는 조리용 레인지의 시작이라고 볼 수 있어.

1802년에는 처음으로 가스를 이용한 작은 조리기가 발명되었고, 1851년 런던 산업 박람회에서는 가스를 이용한 조리용 가스레인지가 사람들 앞에 첫선을 보였어. 하지만 각 가정에 보급되

20세기 초에 개발된 가스레인지의 모습이야. 지금과는 많이 다르지?

는 데에는 시간이 좀 필요했단다. 가스를 각 가정에 공급하기 위한 가스 배관망이 갖추어지지 않았으니까. 하지만 1900년대 후반, 가스레인지는 전 세계 주방에서 안전하면서도 가장 손쉽게 불을 다루는 조리 도구가 되었어.

우리나라에서는 1980년대 중반 이후부터 가스레인지를 생산했고, 그 이후로 주방의 불꽃은 오롯이 가스레인지가 담당해 왔어.

온돌과 보일러

벽난로는 쉽게 떠올릴 수 있지만 우리 주변에서 흔히 볼 수는 없어. 왜냐하면 우리나라에서는 색다른 방법으로 집을 따뜻하게 했거든.

사계절이 뚜렷한 우리나라에서도 추운 겨울을 나기 위해 불을 피웠어. 그러나 방 안에서 불을 피우는 게 아니라, 방 밖에 있는 아궁이에서 불을 피웠지. 땔감을 이용해 아궁이 안에 불을 피우면 열기가 방바닥에 깔린 돌을 따끈하게 달궈서 방 안을 따뜻하게 해. 매캐한 연기는 굴뚝으로 빠져나가니까 그을음이나 연기에 시달릴 일도 없지. 이런 난방 시설을 온돌이라고 해. 온돌은 구들이라고도 하는데, '구워진 돌'에서 유래한 말이 아닐까 추정하고 있어. 온돌은 돌을 달구는 방법이었기 때문에 아궁이에 불이 꺼져도 따뜻함이 오래 유지되었어. 아궁이에서는 요리도 할 수 있었으니까 무척 실속 있고 합리적인 방법이었지.

온돌은 우리나라 고유의 기술이야. 고구려 고분 벽화에도 온돌 그림이 있는 걸로 봐서 고구려 시대 이전부터 온돌 기술이 있었을 거라고 해. 그런데 이때는 방 전체의 구들을 따뜻하게 데우는 게 아니라 방 일부에만 구들을 놓는 '쪽구들'이었어. 노인이나 아픈 사람들에게만 따뜻한 쪽구들 자리를 내주었고 나머지 방은 나무판자를 깐 마루가 대부분이었어. 시간이 흘러 조선 시대 때 온돌이 크게 유행해서 온 나라 사람들이 온돌이 깔린 집에서 살게 되었대.

신분에 관계없이 모두 온돌이 놓인 집에서 살게 되면서 나름의 생활 문화도 자리 잡게 되었어. 서양이 소파, 식탁, 침대 같은 가구를 사용하는 건 차가운 바닥에서 떨어져서 생활하기 위해서야. 하지만 우리나라는 따뜻한 방바닥에 앉아서 밥을 먹고, 이불을 깔고 잠을 자. 이렇게 우리나라가 유독 좌식 생활이 발달한 건 온돌 덕분이야. 또 아궁이와 가까운 쪽의 방바닥을 아랫목이라고 하고, 아궁이에서 멀어 상대적으로 차가운 방바닥을 윗목이라고 하는데 집안의 어른이나 귀한 손님에게는 아랫목을 내주고 아랫사람은 윗목에 앉는 예절 문화도 있었어.

우리나라는 서양식 건물을 지어 살면서도 난방 시설만큼은 온돌을 유지했어. 나무 땔감을 이용해 불을 피우던 아궁이는 석탄 연료를 사용하는 연탄아궁이로 바뀌었고, 또 지금은 대부분 가정용 보일러를 이용해 집을 따뜻하게 하고 있어.

보일러는 물을 끓여서 에너지를 얻는 기계야. 가정의 난방용 보일러에서 불꽃을 점화해 물을 끓이면 따뜻한 물이 방바닥에 설치된 관을 따라 돌게 돼. 온돌의 원리와 똑같이 방바닥이 따뜻

아궁이

하게 데워지면서 집 안의 공기도 따뜻해져. 이런 방법은 열기를 오랫동안 유지할 수 있어서 다른 나라에서도 크게 주목을 받고 있어. 우리 선조들의 지혜로 만들어진 온돌은 오늘날 대표적인 한국 문화로 세계에 알려지고 있단다.

이것도 불이라고?
보이지 않는 불, 전자레인지와 전기 레인지

    부엌에서는 불이 내보내는 열을 이용해 요리를 해. 그런데 불꽃이 없어도 음식을 완성할 수 있는 기계가 있어. 버튼만 누르면 음식에서 김이 모락모락 나게 하는 전자레인지와 전기 레인지 말이야.
    전자레인지는 어떻게 음식을 따뜻하게 하는지 알아볼까?
    진동이 전해지는 것을 파동이라고 해. 빛은 똑바로 나아가고 있는 것처럼 보이지만 눈에 보이지 않는 전기장과 자기장이 파동을 일으키며 나아가. 이를 전자기파라고 해. 전자기파는 여러 종류가 있는데, 예를 들면 방송국에서 보내는 전자기파를 받아서 라디오를 들을 수 있고, 전

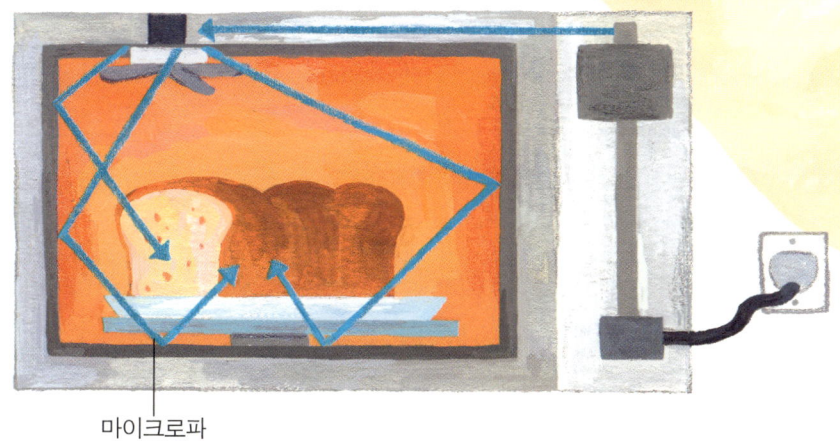
마이크로파

자기파가 우리 몸을 뚫기 때문에 엑스레이(X-ray)도 찍을 수 있지.
　전자레인지는 전자기파 중에 하나인 마이크로파를 이용해. 마이크로파가 음식물 안으로 뚫고 들어가면 음식물 안에 들어 있는 물 분자가 마이크로파를 흡수하면서 급격히 움직임이 빨라지고 온도도 높아져. 이 원리를 이용해서 음식을 데우는 거야. 단, 은박지나 금속류는 마이크로파를 반사하기 때문에 음식이 데워지지 않아. 마이크로파가 계속 반사되면 불꽃이 튀니까 조심해야 해.
　전자레인지는 무기를 만들던 중에 우연히 발명되었어. 군사용 레이더를 만들기 위해 마이크로파를 연구하던 미국의 스펜서는 주머니에 넣어둔 초콜릿이 녹아 있는 걸 발견했어. 초콜릿이 녹은 이유를 곰곰이 생각하던 스펜서는 마이크로파를 떠올렸지. 곧바로 옥수수 알갱이에 마이크로파를 쏘자 펑 소리를 내며 팝콘이 되었대. 우연한 발견 덕에 1947년에 처음으로 전자레인지가 만들어졌고, 주방에서 편리하게 쓸 수 있도록 작은 크기로 발전해 왔지.

가스레인지의 뒤를 이어 주방에 등장한 기계가 전기 레인지야. 간편하게 열을 내고 안전하다는 장점 덕분에 요즘 가스레인지 대신 쓰이는 경우가 많아.

다리미나 토스터같이 뜨거운 열을 내는 전자 제품은 금속으로 만들어진 열선을 이용해 뜨겁게 만들어. 전기 레인지도 열에 강한 유리판 아래에 열선을 깔아 놓은 거야. 열선이 뜨거워지면서 그 위에 올려 둔 냄비나 프라이팬을 달구어 요리를 할 수 있지.

그런데 전기 레인지, 즉 인덕션은 스스로 뜨거워질 수 없어. 반드시 전기가 흐를 수 있는 냄비와 만나야만 하지. 인덕션은 **전자기 유도 가열 방식**을 이용하기 때문이야. 인덕션 안에는 구리로 된 **코일**이 깔려 있어서 전원을 켜면 전류가 코일을 따라 흘러. 이때 자석과 같은 **자기장**이 생기면서 자기장은 냄비 바닥을 따라서도 흐르지. 그런데 전기가 저항을 일으켜서 전류는 코일과 반대 방향으로 흐르고, 서로 반대 방향으로 전류가 흐를 때 전자의 움직임에 방해를 받으면서 열을 내. 그래서 인덕션 위에 올려놓은 냄비만 뜨거워질 뿐, 인덕션의 다른 부분은 뜨거워지지 않아.

세 번째 불꽃

세상을 움직이다

더 활활! 더 뜨겁게! 인류는 불을 잘 다루게 되었지만, 또한 불의 온도를 높이는 숙제를 해결해야만 했어. 불 앞에서 이루어진 수많은 시도와 도전 덕분에 다양한 물건이 태어났고 인류의 발전을 앞당기기도 했지.

불에서 태어난 토기

불을 이용하는 또 다른 방법은 생활용품을 만드는 거였어. 신석기 시대, 농사를 시작하고 수확량이 늘어나면서 저장용 그릇이 필요해졌어. 이즈음 인류는 또 하나의 발견을 하게 돼. 불을 피운 자리에 있던 흙이 단단해지는 걸 알아챈 거지. 흙을 불에 구우면 단단해진다니! 우리 조상들은 평평한 곳에 나무를 쌓고 불을 피운 뒤에 진흙으로 빚은 그릇을 불에 구웠어. 그러자 뜨거운 열로 인해 진흙 속에 있던 물기가 바짝 마르면서 빚은 모양 그대로 단단해졌지. 신석기 시대 때 대량으로 발견되는 토기들은 이렇게 만들어진 거란다.

신석기 시대 때 만들어진 토기들은 아래가 좁고 뾰족해. 부드럽게 다진 흙 위에 그릇을 꽂아서 사용했거든. 그릇에 빗살무늬를 내면 흙이 구워지면서 갈라지는 것도 방지할 수 있었어.

흙을 빚어 그릇을 만들려면 나뭇가지나 돌이 섞인 흙에서 고

신석기 시대의 바닥이 뾰족한 토기를 빗살무늬 토기라 하고, 청동기 시대의 평평한 토기를 민무늬 토기라고 해.

운 진흙만 골라내야 해. 그릇을 굽는 불의 온도가 높을수록 그릇이 더 단단해진다는 것도 알아냈지. 더 섬세한 기술이 더해졌어. 청동기 시대에는 무늬는 없지만 바닥이 평평한 토기가 나타났어. 또 용도에 따라 조리용, 저장용 등 그릇의 모양도 달랐지.

불을 가두는 가마

마치 마법과도 같았어. 불에 흙을 구우면 전혀 다른 물질이 된다는 게 말이야.

불이 가진 열기는 물질을 변화시켜. 불길이 진흙에 닿으면 진흙 속에 들어 있는 광물이 녹았다가 다시 굳으면서 입자들이 서로 강하게 달라붙고 매끄럽게 결합해. 부드러운 진흙이 단단한 그릇으로 바뀌는 것처럼 말이야.

토기는 세계 대부분의 문명 지역에서 만들어졌지만 불을 어떻게 다루느냐에 따라 그릇의 질은 달라졌어. 평지에 장작을 쌓고 불을 피우면 온도가 700~900℃밖에 되지 않았어. 더 강한 그릇을 만들려면 불의 온도를 높여야 했지. 그래서 불의 열이 빠져나

가지 않도록 불을 가두는 '가마'가 만들어졌어. 가마 안의 온도는 무려 1200℃가 넘어. 가마에서 구워진 그릇은 쇠붙이마냥 튼튼했고, 두드리면 맑은 소리가 났어.

주로 땅을 파서 만드는 가마나 지붕이 있는 가마, 굴 모양 가마에서 토기를 구웠는데, 가장 오래된 가마는 기원전 2000년경 이집트 국왕의 무덤 안에 있는 벽화에서 찾아볼 수 있어. 벽화에는 당시 사람들의 다양한 생활 모습이 남아 있는데 원통형 가마에서 토기를 굽는 모습도 볼 수 있지.

그릇, 예술이 되다

가마에서 그릇을 만드는 기술은 유럽과 아시아에서도 찾을 수 있는데, 특히 중국의 기술이 뛰어났어. 사나운 불길을 견딜 수 있도록 흙을 가공하고, 가마 안의 온도를 최고치로 올리는 방법 모두를 알고 있었거든. 여기에 유리 성분의 유약을 바르는 기술도 개발하면서 물을 흡수하지 않는 흙 그릇 '자기'를 완성시켜.

자기는 쓸모도 있으면서 아름다웠어. 불 속에서 태어난 예술품이었지. 중국의 영향을 받아 우리나라도 크고 작은 규모의 가

왼쪽 사진은 청자 음각연화당초문 매병이고, 오른쪽 사진은 백자 철화포도문 항아리야. 모두 우리나라 국보로 지정되어 있지.

마에서 자기를 만들었어. 그러나 신비로운 푸른빛을 내는 고려청자와 새하얀 우윳빛의 조선백자는 다른 나라에서 흉내 낼 수 없는 우리나라 고유의 기술을 이용한 거였어. 어떤 흙을 쓰는지, 어떤 유약을 언제 바르는지, 가마 속 불을 어떻게 다루는지에 따라 자기의 빛깔은 확연히 달라졌으니까 말이야.

일본은 조선의 뛰어난 도자기 기술을 빼앗아 가려고 호시탐탐 기회를 엿봤어. 결국 임진왜란 때 조선의 뛰어난 도공들을 끌고

갔지. 우리나라 도자기 만드는 기술은 그렇게 일본에 전해졌단다. 1616년 일본 아리타 지방에서 조선 장인들이 조선식 가마를 만들었는데 우리말 그대로 '가마'라고 불렀지. 이후 일본의 도자기 산업은 크게 발전해 먼 유럽에서까지 큰 인기를 끌었어.

한편, 가마 기술은 요긴하게 사용되었어. 기와를 굽는 기와 가마, 벽돌을 굽는 벽돌 가마, 옹기를 굽는 옹기 가마로도 발달해서 생활에 필요한 물건들을 생산할 수 있었지.

금속의 발견

구석기 시대와 신석기 시대가 지나고 청동기 시대를 맞이하게 된 때로 돌아가 보자. 250만 년이 넘도록 돌도끼와 돌칼을 들고 뛰어다니던 인류가 쇠붙이 도구를 사용하게 된 순간으로 말이야.

당시 인류는 신기하게 생긴 돌을 발견했던 것 같아. 돌도끼나 돌칼을 만들기 위해 두드려 보았는데 이상하게 돌보다 물러서 다듬기가 더 어려웠지. 그건 구리 덩어리였거든. 실제로 신석기 시대에서 청동기 시대로 넘어가던 시대에 살았을 것으로 추정되는 5300년 전 미라가 구리를 두들겨 만든 도끼와 돌도끼를 둘다 지닌 채로 발견되었어. 이때의 인류가 구리의 존재를 알고 있었다는 증거지.

구리와 청동 같은 금속은 불에 녹여 다룰 수 있어. 그런데 인류가 막 구리를 알게 된 그때에는 순수한 구리를 분류하는 게 쉽지 않았지. 구리의 녹는점이 1084℃인데, 당시 기술로는 불의 온도를 이 정도까지 높이는 게 불가능했거든. 대신 구리와 주석

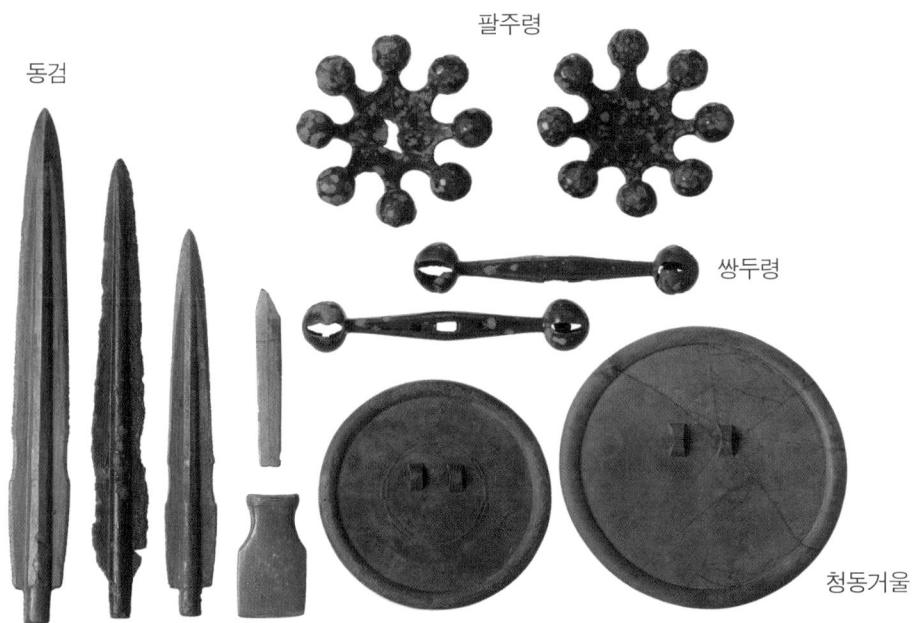

우리나라 전라남도 화순군에서 발견된 청동기 시대의 유물이야. 청동으로 만든 무기부터 청동 거울도 보여. 청동으로 만든 팔주령과 쌍두령은 끝에 방울이 달려 있어 종교적인 의식에 쓰인 것으로 보여.

이 섞인 청동을 사용했어. 구리보다 낮은 온도에서 가공할 수 있었고, 훨씬 단단하기도 했어.

돌조각은 누구나 가질 수 있었지만 귀하게 얻은 청동기는 아무나 가질 수 없었어. 청동기 유물 중에는 무기뿐만 아니라 독특한 형태나 무늬가 있는 물건이 많은데, 몸을 치장하는 장신구나 제사 같은 의식에 쓰였던 걸로 보여. 지배 계급만이 누릴 수 있었던 거지. 청동기 시대에는 이미 왕과 귀족, 평민과 노예 같은 계급으로 나뉘어져 있었어. 권력을 차지하기 위한 전쟁도 자주 일어났지. 청동으로 만든 무기를 들고서 말이야.

청동기 시대의 대장간은 불이 꺼질 날이 없었을 거야. 불과 싸우는 시간 속에서 불의 온도를 높일 수 있었고, 이 숙제를 해결하면서 청동기 시대를 지나 철기 시대로 넘어갈 수 있었어. 얼마나 뜨거운 불을 피울 수 있는지가 수준 높은 도구를 만들 수 있는 조건이었지.

용광로와 대장간

청동에 비해 철은 더 쉽게 구할 수 있었어. 철은 산소와 규소,

철기 제작 과정

3. 주조 작업
틀(거푸집)에 쇳물을 부어 원하는 모양을 만든다.

4. 단조 작업
거푸집에서 나온 쇠를 불에 달구어 망치로 두들기는 작업을 반복한다.

알루미늄 다음 네 번째로 땅속에 많이 매장되어 있는 물질이거든. 광석을 불에 녹여서 원하는 금속을 뽑아내는 걸 '제련'이라고 해. 주변에 널린 철을 이용하려면 철광석에서 철을 뽑아내야만 했는데, 철의 녹는점은 구리보다 더 높은 1538℃라서 당시에는 몹시 어려운 일이었지. 그때는 철이 금보다 더 귀한 대접을 받기도 했어. 철은 돌이나 청동보다 훨씬 더 강했으니까.

기원전 1500년경 지금의 터키 지방에 있던 고대 히타이트 왕국이 최초로 철광석에서 철을 얻는 기술을 알아냈고, 철을 제련하는 이 기술이 그리스와 유럽으로 전해지면서 본격적으로 철기 시대가 펼쳐졌어. 기술의 핵심은 불의 온도를 올리는 것이었는데, 터키 고원의 강한 바람이 산소를 풍부하게 불어넣어 가능했다고 해.

철은 구하기 쉽고 훨씬 튼튼해서 질 좋은 농기구를 많이 만들 수 있었어. 덕분에 고대의 농업 생산량이 크게 늘었지. 또한 전쟁터에서도 단단한 철제 갑옷과 날카로운 철제 무기가 휩쓸었어. 전쟁을 통해 땅을 차지하고 세력을 키운 부족들이 '국가'로 발전하기 시작한 것도 이때부터야.

철광석에서 철을 얻으려면 높은 온도를 계속 유지해야 하기 때문에 이를 위한 화로가 만들어졌어. 이를 키가 높은 화로라고 해서 고로, 또는 용광로라고 해. 철광석에는 산소가 결합되어 있는데, 순수한 철을 얻으려면 산소를 떼어 내야 했어. 이를 위해서는 철광석을 녹일 때 숯(탄소)을 넣어야 해. 벽돌로 만들어진 용광로에 위로는 광석과 숯을 넣고, 가마 아래쪽에서 풀무로 바람을 불어 산소를 풍부하게 공급했지. 또 달구어진 철을 두드리면 불순물이 빠져나가면서 더 단단한 강철이 만들어졌어.

산업 혁명의 불

철은 대장간에서 소규모로 생산되어 오다가 1800년대에 영국에서 불순물을 쉽게 제거할 수 있는 용광로를 발명하면서부터 대량 생산할 수 있게 되었어. 18세기 후반 영국에서 증기 기관이 발명되었고, 기계를 이용해 물건을 대량으로 만들 수 있게 되면서 사회에도 큰 변화가 일어났지. 기계와 기술은 빠르게 발전했고, 공장에서 물건은 쉬지 않고 만들어졌으며 증기 기관차가 전국으로 실어 나르는 상품을 소비자는 싼값에 살 수 있었어.

영국에서 시작된 산업 혁명을 위해 용광로의 불꽃은 꺼지지 않았어. 생각해 봐. 공장의 기계, 철도, 기관차, 기관차에 들어가는 엔진까지 모두 철로 만들잖아. 곳곳에 공장이 세워지고 철도가 촘촘하게 깔렸지. 산업 혁명의 밑바탕에는 철강 산업이 든든하게 받치고 있었고, 이로써 유럽에서 영국은 가장 강한 나라로 발돋움하게 돼.

산업 혁명은 유럽의 풍경을 완전히 바꾸어 놓았어. 엄청난 속도로 기술이 발전하던 시절이었지. 세계 각국에서는 박람회를

1851년 영국 만국 박람회 여러 전시관에서 새로운 제품을 전시했어. 전시관 중 유리로 둘러싸인 수정궁이 유명하지.

열고 시대를 앞서가는 발명품을 자랑했어. 1851년, 영국 만국 박람회에서는 철로 기둥을 세우고 유리로 벽을 만든 건물을 선보였어. 마치 온실처럼 보이는 건물로 영국은 자신들의 기술을 한껏 과시할 수 있었지. 이에 맞서듯 프랑스는 1889년에 파리에서 열린 세계 만국 박람회장 입구에 기어이 철로 만들어진 거대한 건축물을 세우고 말았어. 그게 바로 당시에는 흉물스럽다는 비난을 한 몸에 받은 에펠탑이란다.

이뿐만이 아니야. 무거운 철로 배를 만들어 강이나 배 위에 띄우고, 하늘을 나는 비행기도 만들었지. 철은 그만큼 강력하고 완벽해서 지금까지도 다양한 곳에 쓰이고 있으니 현재 우리가 살고 있는 시대도 철기 시대라고 할 수 있지 않을까?

불로 만드는 에너지

산업 혁명의 주인공은 불과 열을 에너지로 사용하는 '기계'였어. 공장의 거대한 기계를 돌리는 건 증기 기관이었는데, 이 증기 기관은 석탄을 태워서 움직일 수 있었어. 여러 가지 산업용 기계들이 발명되면서 집에서 수작업으로 만들던 물건을 공장에

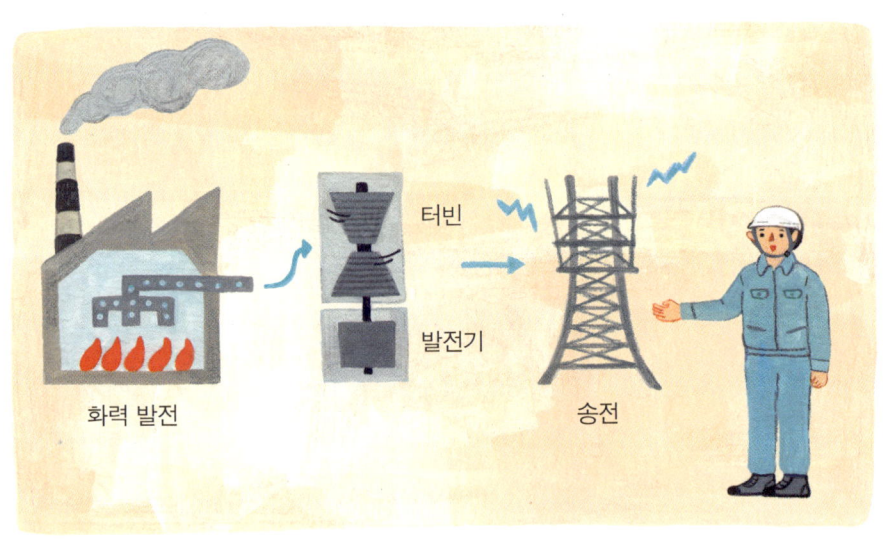

서 만들기 시작했고 대량 생산이 가능해졌지.

　시대가 발전하면서 인류는 더 많은 에너지를 필요로 했어. 그 규모는 거대해졌지만 에너지를 얻는 방법은 크게 달라지지 않았단다. 석탄과 석유 같은 화석 연료로 불을 피워서 만든 열에너지를 전기 에너지로 바꾸는 건데, 화력 발전소에서 석탄이나 석유를 태워 물을 끓이면 이때 발생하는 강력한 수증기로 터빈과 발전기를 돌려서 전기 에너지를 만들어. 발전소에서 만들어진 전기는 송전탑을 통해 곳곳으로 보내지지.

　우리나라뿐만 아니라 지구에서 사용하는 에너지 중 가장 큰

비중을 차지하는 것이 화석 연료를 이용한 에너지야. 화력 발전소는 건설하기가 그리 어렵지 않고 비용도 적게 들기 때문이지. 하지만 지구에 있는 화석 연료는 양이 한정되어 있어. 또 화석 연료를 태울 때 나오는 이산화 탄소 같은 온실가스가 지구를 뜨겁게 한다는 문제점도 있지.

지구가 내뿜는 불꽃, 화산

지구는 지금도 땅속에 불을 감추고 있어. 이 불이 폭발하는 게 바로 '화산'이야. 화산을 눈앞에서 직접 본 적은 없지만 상상할 수는 있어. 산꼭대기 검은 구름 속에서 거대한 불꽃이 튀고, 그 불은 얼마나 뜨거운지 바위와 돌을 녹이며 흘러내리겠지. 마을을 집어삼킬 듯 다가오는 불덩이를 피하려면 전력 질주해야만 하고.

산에서 불이 뿜어져 나오다니! 눈앞에서 벌어지는 일을 믿을 수 없었던 옛날 사람들은 화산이란 엄청난 능력을 지닌 신이 벌이는 일이라고 생각했어. 이탈리아에 있는 에트나 화산은 지금도 활발하게 활동하는 화산인데, 옛날 그리스 사람들은 에트나 화산 밑에 헤파이스토스라는 대장장이 신이 있다고 믿었대. 신들에게 필요한 무기나 마차 같은 걸 만들기 위해 거대한 용광로에 불을 피우면 화산이 끓어오르고, 쇠를 망치로 두드릴 때마다 산이 폭발하면서 불꽃을 뿜어낸다고 말이야.

  화산은 신의 활동이 아니라 살아 있는 지구가 움직이는 활동이야. 지구 표면은 거대한 땅덩어리인 '판'으로 이루어져 있어. 이 땅덩어리들은 멈추어 있는 듯 보이지만 사실 조금씩 움직이고 있는데, 땅덩어리들이 서로 부딪칠 때 마찰력 때문에 엄청난 열이 생겨. 그 열이 암석을 녹여서 마그마가 만들어지지. 마그마는 땅속에 갇혀 있지만 위를 향해 움직이며 솟아날 구멍을 찾아. 그러다가 땅의 약한 부분을 만나면 한꺼번에 터지면서 화산 폭발이 일어나지.

두려워하거나 이용하거나

2022년, 남태평양 바다 밑에서 화산이 폭발했는데 분출된 화산재가 상공 58km까지 솟아올랐다고 해. 화산이 폭발하면 엄청난 굉음과 함께 마그마가 바깥으로 쏟아지면서 용암이 흘러. 화산재, 화산 가스 같은 화산 분출물도 큰 피해를 남기지. 화산재 때문에 항공기가 운항할 수 없게 되고, 화산재가 햇빛을 가려서 지구의 기온에도 영향을 주거든.

화산 때문에 거대한 도시가 통째로 사라진 적도 있어. 79년, 이탈리아의 베수비오 화산이 폭발하면서 폼페이라는 도시가 화산재에 파묻혀 버렸거든. 1500년이 지난 뒤에야 공사장에서 우연히 발견되었지. 도시를 덮은 화산재는 두께가 6m나 되었는데, 그 속에는 시간이 멈춘 듯 일상생활을 하던 모습 그대로 재를 뒤집어쓴 시민들이 남겨져 있었어.

불을 품은 화산은 두려움의 대상이었어. 그러나 인간에게는 화산이 뿜어내는 불과 열을 이용할 지혜가 있었지.

화산 분출물은 땅을 비옥하게 해 줘. 이런 곳에서 농사를 지으면 수확량이 늘어나. 그래서 인간은 화산 가까운 곳에 터를 잡고 살았어. 인도네시아, 일본 같은 나라는 화산 지형이야. 땅이 기름져서 농작물을 많이 생산하기도 해. 에트나산 아래, 화산재 위에서 기른 포도와 이 포도로 만든 와인은 세계적으로 유명하기도 하지.

또 화산이 있는 곳에서는 땅속을 흐르는 지하수가 따뜻하게 데워져서 온천이 발달해. 지금도 화산이 활발하게 활동하는 일본이나 아이슬란드에는 온천을 찾는 사람들의 발길이 끊이질 않고 있어.

화산의 열을 이용하기 위해 발전소를 세우기도 해. 이탈리아, 멕시코, 아이슬란드나 뉴질랜드 등 화산과 온천이 많은 나라에서는 필요한 전기 중 일부를 화산 근처에 만든 지열 발전소에서 만들어. 지구가 만든 에너지를 이용하기 때문에 친환경적인 에너지원으로 주목받고 있어.

이것도 불이라고?
제3의 불, 원자력

    화석 연료를 대체할 에너지원으로 등장한 게 바로 원자력이야.
    가장 무거운 원소인 우라늄의 원자핵이 쪼개질 때 엄청난 에너지가 발생해. 이것을 핵에너지라고 하는데, 이 에너지를 열에너지로 바꿔서 물을 끓이고 터빈을 돌려 발전기를 작동시킬 수 있지. 원자로를 이용해 핵분열 속도를 늦추면 핵분열이 연쇄적으로 일어나면서 안전한 방법으로 많은 양의 에너지를 얻을 수 있어. 이런 이유로 아주 오래전에 인류가 발견했던 불꽃과 도시를 밝힌 전구에 이어 원자력을 다음 시대를 이끌 '제3의 불'이라고 부르기도 해.

우라늄의 원자핵 1g을 분열시켜서 얻는 에너지는 석탄 3000kg을 태울 때 나오는 열에너지와 맞먹어. 그래서 원자력 발전을 이용하면 화력 발전에 비해 상대적으로 적은 양의 연료로 막대한 양의 전기 에너지를 만들 수 있지. 원자력 발전은 온실가스도 거의 내뿜지 않으니 거의 완벽한 에너지원으로 인식되었지.

그런데 치명적인 단점이 있어. 원자력 발전은 방사성 폐기물을 남긴다는 거야. 원자핵이 분열할 때 같이 나오는 입자나 물질을 방사성 물질이라고 하는데, 눈에 보이지도 않고 냄새와 맛도 없이 입자나 빛 또는 전파 형태로만 존재해. 그런데 한꺼번에 많은 방사선에 노출되면 세포나 유전자가 변형되거나 파괴될 수 있어. 병을 얻거나 목숨을 잃을 수도 있지.

지구의 다양한 물질은 자연스럽게 방사선을 내뿜고 있는데 그 양은 아주 미미해서 위험하지 않아. 하지만 원자력 발전소에서 만들어진 방사성 폐기물에서는 막대한 양의 방사성 물질이 나오기 때문에 몹시 위험해. 또 방사성 물질이 완전히 사라지는 데에는 굉장히 오랜 시간이 걸리기 때문에 우리에게도 또 앞으로 지구에서 살아갈 후손에게도 안전을 보장할 수 없지.

실제로 1986년 우크라이나의 체르노빌 원자력 발전소의 원자로가 폭발하는 사고가 있었고, 2011년에는 지진으로 인해 일본의 후쿠시마 원자력 발전소에서 방사능이 누출되는 사고도 있었어. 체르노빌의 경우 방사능이 노출되면서 셀 수 없을 만큼 많은 암 환자가 발생했어. 30년도 훨씬 전에 일어난 일이지만 지금까지도 체르노빌 원자력 발전소 주변에는 사람들이 다가가는 게 엄격히 통제되고 있어. 후쿠시마 원자력

발전소에서는 지금도 방사능에 오염된 물이 흘러나와서 상황은 더 심각해. 후쿠시마 근처 바닷가의 생물들이 방사능에 오염된 사실이 밝혀졌으니까 말이야.

　원자력 발전 기술이 개발되고 전 세계 수많은 나라에서 원자력 발전소를 가동한지 60여 년이 지났지만 원자력 발전소에서 배출되는 폐기물을 100% 안전하게 처리하는 기술은 아직 개발되지 않았어. 인간과 지구 모두에게 안전한 에너지 발전 방법을 찾는 게 현재를 살아가는 인류의 숙제이기도 해.

네 번째 불꽃

전쟁터를 달구다

　인류의 역사에서 전쟁은 끊이지 않았고, 전쟁터에서는 언제나 불꽃이 타올랐어. 불꽃은 나를 지켜 주기도 했지만 다른 사람을 공격하는 무기가 되기도 했지. 과학의 발전은 불을 어떤 모습의 무기로 바꾸었는지 살펴보도록 하자.

불, 무기가 되다

그리스 신화에 따르면 프로메테우스는 진흙을 빚어 갖가지 동물과 인간을 만들었어. 그런데 다른 동물에게 날카로운 발톱, 하늘을 날 수 있는 날개, 추위로부터 보호할 털, 뾰족한 이빨 등을 다 주었더니 인간에게 더 이상 줄 것이 남아 있지 않더래. 그래서 프로메테우스는 제우스의 명령을 어기고 인간들에게 '불'을 주었어. 그 대가로 혹독한 벌을 받아야 했지.

인류는 불을 손에 쥐게 된 그 순간부터 불을 무기로 사용했을 거야. 불은 나를 지킬 수도 있지만, 상대방을 다치게 할 수도 있다는 걸 잘 알았을 테니까. 상대방이 무시무시한 짐승일 수도 있고, 같은 인간일 수도 있었겠지만.

구석기 시대에도 어떤 이유로든 다툼과 분쟁이 있었을 거야. 신석기 시대가 되어 농업 혁명이 일어나고 한곳에 정착해 모여 살게 되면서부터 갈등은 더 다양한 모습으로 나타났겠지. 청동기 시대부터는 본격적으로 무기가 나타나기 시작해. 이때부터는 다른 부족을 정복해 더 좋은 땅을 차지하고 부족민을 늘리기 위한 전쟁이 활발했어. 사냥을 하며 쌓은 기술은 적을 공격하기 위한 기술이 되었지. 전쟁을 위한 군대도 있었고, 군대를 지휘하는 우두머리도 있었어. 일반 병사들은 창, 활, 단검, 손도끼 같은 무기를 손에 들었지. 특히 전쟁터에서 불은 좋은 무기가 되었어. 적군의 무기나 진지를 무자비하게 태워 버릴 수 있었으니까.

불을 전략적인 무기로 만들어 사용한 기록도 있어. 고대 아시리아인들은 불이 잘 붙으면서도 꺼지지 않도록 유황과 기름, 역청을 섞어 액체 연료를 만들었고, 이 연료에 불을 붙여 적군을 향해 날렸어. 이렇게 만든 '잘 꺼지지 않는 불' 기술은 그리스로 넘어갔는데 시간이 흘러 더 발전한 모습으로 나타났어.

'그리스의 불'은 화염병처럼 항아리에 연료를 담아 불을 붙이는 방법으로 발전했어. 그리고 투석기나 화살 같은 도구를 이용해 불을 날렸지. 그리스의 불은 물속에서도 계속 타올랐을 만큼 화력이 대단했다고 해. 비잔틴 제국은 그리스의 불을 필살기로 사용했어. 그 위력이 얼마나 무시무시했는지 천사가 황제에게 그리스의 불 제조법을 알려 주었다는 소문이 돌 정도였고, 꽁꽁

비잔틴 제국에서 그리스의 불을 사용해 전투하는 장면을 묘사한 그림이야. 불은 과거부터 전쟁의 도구로 이용되었어.

비밀에 부쳐져서 지금까지도 그리스의 불 제조법을 아무도 모른다고 해.

화약의 발명

영국의 수도사였던 로저 베이컨은 과학에도 관심이 많았어. 그는 전설로 내려오는 '그리스의 불'을 재현하고 싶었지만 아무리 찾아봐도 자료가 없었어. 이 무기는 군대의 비밀 병기였기 때문에 기록으로 남겨 두지 않은 탓이지. 결국 베이컨은 여러 가지 물질을 직접 배합하고 태우는 실험을 반복하면서 그리스의 불에 가까운 무기를 만들고자 했어. 그래서 그의 실험실에서는 늘 불이 피어오르고 연기가 자욱했다고 해.

베이컨은 실험하는 과정에서 목탄과 황의 혼합물에 질산을 더한 뒤 불을 붙이면 훨씬 잘 탄다는 걸 알아냈어. 그가 만든 폭발력 있는 이 가루들을 '검은 화약'이라고 불렀어. 수도사였던 베이컨은 이 물질이 인간에게 위험하다는 걸 느끼고 제조 비법을 암호로 써 두었다는 이야기가 전해지기도 해.

그런데 이보다 앞서서 화약을 만든 건 중국이야. 이미 600년경 기록에 목탄, 황, 질산 혼합물은 강력한 폭발을 일으킨다고 한 기록이 남아 있어. 베이컨이 여러 번의 실험 끝에 알아낸 그 배합 말이야. 중국의 화약이 점점 발전하면서 유럽에 전해졌다는 게 사실에 가깝다고 보여.

9세기 중국에서는 화약을 만들다가 불꽃이 튀는 걸 보고 불꽃놀이를 생각하기도 했어. 대나무 줄기에 화약을 채워 넣고 높이 발사하는 방법이었지. 불꽃놀이는 명절이나 축제 때 이용될 뿐, 이때까지만 해도 화약을 무기로 사용하지는 않았어.

대포와 총

폭발력이 있는 화약을 무기로 발전시킨 건 유럽이었어. 중국에서 발명된 화약은 몽고군을 통해 유럽으로 전해졌어. 수백 년 동안 갑옷을 입고 칼과 활을 들고 싸우던 유럽에서 화약을 이용한 무기가 나타났지. 화포의 위력을 알게 된 영국, 프랑스,

헝가리 등은 전국 각지에서 이름난 과학자와 기술자들을 모아 무기를 개발했어. 화약을 넣어 멀리 쏠 수 있게 한 '대포'가 이때 만들어졌어. 1494년, 프랑스의 군대가 이탈리아의 성 앞에 대포를 설치한 후 45kg의 포탄을 쏘았다는 기록이 있어. 성벽은 그동안 한 번도 함락된 적이 없었는데, 난생 처음 보는 대포 앞에서는 쉽게 무너지고 말았지.

대포가 장착된 배도 발명되었어. 바다 위에서 싸울 때는 멀리서 대포를 쏘는 게 효과적이니까. 전쟁용 배인 전함은 이렇게 만들어졌고, 유럽의 나라들은 앞다투어 최신식 전함을 선보이며 힘을 과시했어.

거대한 대포뿐만 아니라 개인이 들고 다니는 총도 발명되었어. 나무나 철로 만든 총에 화약을 넣어 불을 붙여서 썼지. 그런데 늘 화약을 품고 다니다 보니 언제 터질지 몰라 너무 위험했고, 명중률도 형편없었대. 여전히 칼이나 화살이 더 정확했고 치명적인 무기였어.

15세기에 등장한 머스킷 총이 지금의 총과 가장 비슷한 모습을 하고 있어. 심지에 불을 붙이고 방아쇠를 당기면 화약과 불꽃이 만나서 총이 발사 되는 구조였지. 가볍고 편리하다는 이유로

머스킷 총은 이후로 수백 년 동안 전쟁터에서 쓰여.

화약 무기는 전쟁의 판도를 완전히 바꾸어 놓았어. 전투력은 대포와 총을 얼마나 많이 갖고 있는지에 따라 결정되었지. 유럽을 오랫동안 지탱한 계급 제도는 봉건 제도였고, 땅과 성을 가진 영주는 기사들에게 왕의 영토를 지키게 했는데 이제 칼을 든 기사는 필요가 없었어. 이렇듯 유럽의 봉건 제도에 금이 가기 시작한 것이 화약 무기가 발전했기 때문이라고 보는 시각도 있어.

고려의 최무선

중국의 4대 발명품으로 종이와 나침반, 인쇄술 그리고 화약을 꼽아. 중국은 세계 최초로 화약을 만들어서 8세기 이후에 무기로 사용하기 시작했지. 그때까지도 우리나라는 비싼 값을 주고 온전히 중국에서 화약을 수입했고, 그나마도 불꽃놀이에만 이용하고 있었어.

고려 때, 왜구가 경상도와 전라도 해안 지방으로 자주 쳐들어와서 백성들의 고통이 이만저만이 아니었어. 최무선은 왜구를 물리치려면 획기적인 무기가 필요하다고 생각했는데, 그때 마침 중국에서 수입한 화약이 그의 눈에 들어왔어. 최무선은 그때부터 중국의 상인들을 만나 화약에 대해 이것저것 묻고, 제조법을 알고 있다는 이를 수소문해 만나기까지 했어. 실험과 실패를 거듭해 결국 화약을 만드는 데 성공했지.

최무선은 낮은 벼슬아치였지만 갖은 노력으로 왕을 설득했어. 우리 기술로 화약을 만들어 제대로 된 무기를 갖추면 왜구를 물리칠 수 있다고 말이야. 1377년, 고려의 우왕은 그를 믿고 화약과 무기를 만드는 '화통도감'을 설치했어. 화통도감의 책임자는 물론 최무선이었지

최무선 덕분에 조선 시대에도 화포 기술이 발달했지. 그래서 임진왜란 때도 화포의 힘으로 왜적을 물리칠 수 있었어.

화통도감에서 최무선은 다양한 화약 무기를 만들었어. 1380년에 왜구가 배 300여 척을 끌고 전라도로 침입했을 때 우왕의 명령으로 최무선이 직접 화포를 배에 싣고 전라도 바닷가로 갔어. 최무선은 화포를 발사해 왜구의 배를 모두 불태웠지. 고려에 이런 무기가 있을 거라고 상상도 하지 못한 왜구들은 당황하며 뭍으로 헤엄쳐 올랐어. 그때 고려의 장군 이성계가 모두 무찔러 버렸단다. 최무선은 화약과 화약 무기 만드는 법을 기록한 책을 남겼고, 조선의 국방 기술이 발전하는 데도 크게 이바지했어.

노벨과 다이너마이트

이탈리아의 화학자 소브레로는 1847년에 니트로글리세린이라는 물질을 발명했어. 이 물질은 혈관 확장제로 쓰이기 때문에 심장에 산소를 충분히 공급하지 못하는 환자들에게 꼭 필요한 약이야. 그런데 니트로글리세린은 검은 화약보다 더 강력한 폭발력이 있었어. 산업 혁명 이후 도시가 빠르게 발전하던 때라 철도나 도로, 터널이 한창 건설되고 있었으니 니트로글리세린은 공사장이나 돌을 캐는 채석장에서 유용하게 쓰였지. 그런데 약한 충격에도 폭발하는 성질 때문에 너무 많은 사람이 다치거나 목숨을 잃었어.

스웨덴의 화학자인 알프레드 노벨은 아버지가 운영하는 화약 만드는 회사에서 일했어. 그의 목표는 니트로글리세린보다 더 안전한 화약을 만드는 것이었지. 이렇게 1866년에 노벨이 발명해 낸 화약이 바로 다이너마이트야. 노벨은 니트로글리세린과 검은 화약을 섞고, 충격에도 잘 견딜 수 있도록 이를 규조토에 흡수시켰어. 또 뇌관을 만들어서 심지의 불꽃이 화약에 정확하게 옮겨붙도

내가 만든 다이너마이트 덕분에 광산이나 건설 현장에서 일하는 노동자들은 좀 더 쉽게 일할 수 있었지.

록 했지. 다이너마이트는 기존의 화약보다 훨씬 강력하면서 안전했어. 마침 그 당시에 수에즈 운하가 건설되고 있었고, 알프스를 뚫는 터널도 짓고 있었기 때문에 다이너마이트는 날개 돋친 듯 팔려 나갔어. 스웨덴, 독일, 영국에까지 다이너마이트 공장이 세워졌지. 노벨은 굉장한 부자가 되었어.

그런데 이때 세계는 땅따먹기 중이었어. 산업 혁명으로 일찌감치 힘을 키운 유럽의 몇몇 나라들이 세계를 주름잡는 강력한 나라가 되어 있었지. 영국과 프랑스 등 몇몇 나라들은 인도, 동남아시아, 아프리카 같은 힘이 약한 나라들을 식민지로 삼았고 더 많은 나라를 차지하기 위해 힘겨루기를 했어. 힘센 나라들은 대포와 총 같은 강력한 무기가 있었으니 무서울 게 없었지.

노벨의 다이너마이트는 뜻밖에도 전쟁터에서 크게 활약했어. 건설용으로 발명되었지만 다이너마이트의 강력한 폭발력은 전쟁터에서 위협적인 무기가 되었어. 총, 대포와 함께 다이너마이트는 무기가 되어 셀 수 없이 많은 사람의 목숨을 앗아 갔지.

노벨은 괴로웠어. 자신의 발명품이 무기가 되어 사람들을 죽이고 있으니까 말이야. 노벨은 과학자로서 명성도 얻고, 부자도 되었지만 행복하지 않았어. 1895년에 노벨은 자신의 재산을 모두 스웨덴에 내놓으면서 인류를 위해 애쓴 사람들에게 상으로 주라는 유언을 남겼단다. 1901년에 노벨의 뜻대로 첫 노벨상이 주어졌고 100년이 넘은 지금까지도 매년 계속되고 있어.

새로운 무기의 등장

유럽의 강대국들은 수많은 식민지를 거느리고도 만족하지 못했어. 결국 편을 갈라 싸우기까지 했지. 1914년에 벌어진 제1차 세계 대전에는 사실상 거의 대부분의 나라들이 참가했다고 볼 수 있어. 중국이나 막 힘을 키워 가던 일본도 전쟁터로 뛰어들었으니까.

제1차 세계 대전은 참호전이었다고 해. 땅을 깊게 판 곳을 참호라고 하는데, 군인들은 이 참호 속에 몸을 숨긴 채 총만 밖으로 내밀고 적을 공격했어. 제1차 세계 대전은 새로운 무기들을 등장시킬 수 있는 기회이기도 했지. 권총은 물론이고 방아쇠를 당기고 있으면 총알이 잇달아 나가는 기관총, 여러 개의 총알이 흩어지듯 발사되는 산탄총 등은 참호전에서 아주 유용했어.

또한 최초로 탱크와 전투기가 등장했고, 독일의 강력한 잠수

함이 활약하기도 했지. 독가스와 이를 막기 위한 방독면도 나타났어. 끔찍한 무기들은 수천만 명의 목숨을 앗아 가고 말았어.

긴 전쟁으로 유럽은 힘을 잃은 반면, 미국은 잘사는 나라가 되었어. 강력한 무기들도 갖출 수 있었지. 한편 독재자가 다스리는 나라들도 나타났어. 독일에서는 히틀러가 권력을 잡았고, 무솔리니가 다스리는 이탈리아, 군인이 권력을 잡은 일본도 독재 국가가 되었어. 히틀러는 세계에서 가장 강한 나라가 되겠다며 침략 전쟁을 벌였고, 일본은 아시아 여러 나라를 침략하고 미국 땅이 있는 태평양까지 욕심을 냈지. 1939년에 독일이 폴란드를 공격하면서 시작된 이 전쟁을 제2차 세계 대전이라고 해.

제2차 세계 대전은 인류 역사상 가장 큰 전쟁이야. 새로 발명된 무기를 앞세운 전쟁터는 더욱 끔찍하고 비참했어. '블록버스터'라는 말을 들어 봤지? 흥행하기 위해 엄청나게 많은 돈을 들여 만든 영화를 블록버스터라고 하는데 사실 이건 영국의 폭탄 이름이었어. 제2차 세계 대전 때 영국 공군은 무려 4~5톤짜리 폭탄을 공중에서 떨어뜨렸어. 이 거대한 폭탄은 한 구역(block)을 송두리째 날려 버릴(bust) 만큼 강력했다고 해서 블록버스터라고 불렸단다. 독일의 도시였던 드레스덴은 영국이 쏜 블록버스터를 맞고 엄청난 불길에 휩싸였지. 도시의 약 70%가 파괴될 정도로 폭탄의 파괴력은 엄청났어.

　두 번의 세계 전쟁을 겪으면서 인류는 수많은 무기를 만들어 냈어. 새로운 무기는 그만큼 과학이 발전했다는 증거이기도 해. 하지만 점점 강력해진 무기는 결국 인류 스스로를 위협할 수도 있다는 씁쓸한 결과를 낳았지.

리틀보이와 팻맨

전 세계를 쑥대밭으로 만든 독일과 일본, 이탈리아를 막기 위해 영국과 미국, 소련 등 여러 나라가 힘을 합쳐 연합군을 만들었어. 연합군의 기세에 밀려 독일과 이탈리아는 항복했지만 일본만은 전쟁을 멈추지 않았어. 일본에게 항복하라고 요구했지만 일본은 받아들이지 않았지.

당시 미국은 비밀리에 교수, 과학자 등 수만 명을 투입해 새로운 무기를 실험하고 있었어. 앞서서 원자핵이 쪼개질 때 엄청난 에너지가 발생한다고 했는데, 미국은 이 핵에너지를 이용한 무기를 만들고 있었지. 핵분열이 연쇄적으로 일어나면서 엄청난 파괴력을 내뿜는 핵폭탄, 또는 원자 폭탄이라고 불리는 무기를 말이야.

일본이 전쟁을 멈추려 하지 않자 미국의 트루먼 대통령은 일본에 원자 폭탄 사용하는 걸 허락했어. 1945년 8월 6일, 일본 히로시마를 향해 비행기 몇 대가 날았어. 고작 비행기 몇 대는 위협이 되지 않았으므로 일본은 딱히 대응하려고도 하지 않았지. 그런데 그 비행기에서 '리틀보이'라는 이름의 원자 폭탄이 떨어졌어.

원자 폭탄은 거대한 버섯구름을 남기며 폭발했어. 원자 폭탄이 얼마나 강력한지 폭발 지점을 중심으로 1.6km 안에 있는 모든 것이 불길에 휩싸이며 남김없이 파괴되었지. 당시 히로시마에 살던 수만 명이 폭발과 함께 순식간에 목숨을 잃었고, 이곳을 벗어난 지역에서조차 강력한 불길에 살갗이 녹아내리고 건물이 불타는 등 막대한 피해를 입었지. 미국은 며칠 뒤에 나가사키에 '팻맨'이라는 원자 폭탄을 또 떨어뜨렸어.

원자핵이 분열될 때 방사능 물질이 나온다고 했지? 겨우 목숨을 건진 사람들도 방사능 물질에 노출되어 병을 얻고 목숨을 잃었어. 방사능 오염으로 인한 피해는 지금까지도 계속되고 있어.

일본도 무시무시한 원자 폭탄 앞에서는 무조건 항복할 수밖에 없었어. 이렇게 제2차 세계 대전도 끝나게 되었지.

전 세계 사람들이 원자 폭탄의 엄청난 파괴력을 알게 되었어. 핵무기를 만들었던 사람들조차 파괴력이 이 정도일 줄은 몰랐다고 해. 핵에너지는 우리에게 편리함을 주기도 하지만 인류가 만든 최악의 발명품이라고 불리듯 인류를 위협하는 끔찍한 무기가 되기도 한다는 걸 확실히 알게 되었지.

이것도 불이라고?
손안의 화약, 성냥과 라이터

    성냥은 얼마 전까지만 해도 간단하게 불을 붙일 수 있는 최고의 도구였어. 성냥이 발명되기 전에는 불꽃이 튈 때까지 부싯돌을 부딪치거나 나뭇가지를 힘들게 비벼 불꽃을 만들어야 했지. 그래서 각 가정에서는 화로의 불꽃이 꺼지지 않도록 지키는 일이 매우 중요했고 말이야.

    성냥은 나무 막대기 끝에 화약 성분을 묻힌 거야. 이 화약 성분에 불꽃을 일으켜 사용했지. 1827년, 영국의 한 약제사가 화약으로 실험을 하던 중에 화약을 젓던 나무 막대를 헝겊에 닦자 마찰이 생기면서 불이 난다는 사실을 발견한 것이 성냥의 시작이었어.

　시간이 흘러 독일에서 훨씬 불이 잘 붙는 '황린'을 이용해 성냥을 만들었어. 그러나 스치기만 해도 불이 붙는 데다가 폭발력이 세서 머리카락을 태워 먹기 일쑤였대. 황린을 태워 나는 연기는 몸에 매우 해롭기도 했지.

　1844년에 스웨덴에서 성냥은 거친 사포에 대고 그어야 불이 붙는 형태로 발전했어. 비로소 성냥 회사가 만들어지고 공장에서 생산되면서 세계 곳곳으로 팔려 나갔지.

　조선 시대에도 성냥 비슷한 것이 있었어. 소나무 가지에 유황을 묻힌 뒤 말린 '석유황'이었지. 1880년 일본을 통해 지금 모습의 성냥이 들어왔는데, 우리나라 사람들은 석유황이라는 익숙한 이름을 계속 부르다가 그냥 '성냥'이라고 부르게 되었대.

　일제 강점기 때 일본은 인천을 시작으로 전국 각지에 성냥 공장을 세

웠는데, 성냥 만드는 비법은 조선인에게는 알려 주지 않고 비싼 값에 성냥을 팔았다고 해.

라이터는 성냥보다 더 먼저 발명되었어. 1823년에 독일의 과학자가 최초로 만든 라이터는 램프에 더 가까운 모습이었어. 갖고 다니기도 어려웠고 인기도 없었지.

1903년, 오스트리아에서 부싯돌의 원리를 이용한 라이터가 만들어졌어. 불꽃을 일으킨 뒤 기름을 태우는 방법이었는데, 1, 2차 세계 대전 때 전 세계로 알려졌지. 현재의 액화 가스라이터는 1946년에 프랑스에서 만들어졌어.

1970년대에 생산되기 시작한 일회용 가스라이터는 현재까지 많이

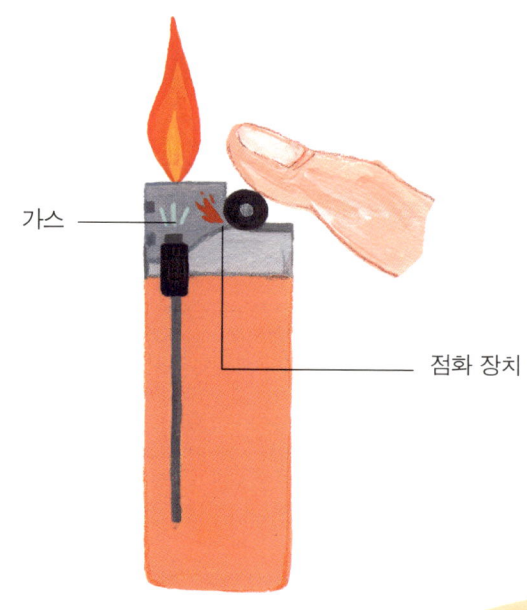

가스

점화 장치

사용되고 있어. 쇠로 된 바퀴를 돌리면 마찰이 생기면서 불꽃이 튀고, 가스 용기에서 새어 나온 가스에 의해 불이 붙는 원리야. 가스를 다 쓰면 버려야 하는 불편함이 있기 때문에 충전하며 반영구적으로 쓸 수 있는 전기 라이터도 발명되었어.